KB248254

첫사랑

KOFA 영화비평총서는 한국영화사의 대표작 한 편을
아카이브와 역사라는 관점하에
비평적 해석으로 펼쳐 보는 시리즈이다.
영화비평가와 영화사 연구자가 필진으로 참가할 각 권은
비평과 역사를 동시에 주목하는 스펙트럼 속에서
영화에 관한 다채로운 논의를 제공한다.

일러두기

- 총서의 기획과 구성, 책임편집은 한국영상자료원 학예연구팀장 정종화와 연구원 이수연이 맡았다.
- 한국영상자료원에서 기증과 수집을 통해 보유하고 있는 사진은 별도의 출처를 표기하지 않았으며, 그 외에는 사진 설명에 출처를 표시하였다.
- 영화의 작품명과 연도는 한국영상자료원 한국영화데이터베이스(KMDb)를 따랐다. 감독명과 개봉 연도는 각 장마다 해당 영화가 맨 처음, 주요하게 언급될 때 (감독명, 제작 연도) 형태로 병기했다. 감독명, 제작 연도, 배우 이름 등 영화 관련 정보는 ( ) 안에 표기하되, 본문 괄호와 구분되도록 별색으로 표기하였다.
- 맞춤법과 띄어쓰기는 국립국어원의 《표준국어대사전》을 따랐다. 논문 및 영화 등의 작품명은 〈 〉, 문헌이나 저서명·정기간행물(학회지 포함)·신문명은 《 》, 직접인용은 " ", 강조 및 간접인용은 ' '로 표기했다.
- 인명이나 지명은 국립국어원의 외래어 표기용례를 따랐다. 단, 널리 알려진 이름이나 표기가 굳어진 명칭은 그대로 사용했다.

첫사랑

머릿속이 간지러워

First Love

김소희 지음

KOFA 영화비평총서 6

앨피

발간사

한국영상자료원Korean Film Archive은 영화의 역사를 보존하는 아카이브이자, 그 유산을 오늘의 언어로 새롭게 해석하는 비평의 장이기도 합니다. 'KOFA 영화비평총서'는 이러한 역할을 바탕으로, 한 편의 영화를 역사적 기록으로서, 동시에 살아 있는 텍스트로서 함께 바라보고자 기획된 시리즈입니다.

2024년 첫 출간한 〈휴일〉, 〈살인의 추억〉, 〈하녀〉, 〈최후의 증인〉에 이어, 올해는 〈오발탄〉, 〈첫사랑〉, 〈길소뜸〉, 〈여고괴담 두 번째 이야기〉를 독자 여러분께 소개합니다. 한국영화 100년의 흐름 속에서 각기 다른 시대와 장르, 문제의식을 대표하며, 시간이 흐른 지금에도 여전히 새로운 질문과 의미를 불러일으키는 영화들입니다.

이 총서는 아카이브가 축적해 온 자료를 토대로 작품이 만들어진 역사적 조건과 시대적 맥락을 짚고, 동시대의 관점에서 새롭게 성찰해야 할 비평적 쟁점을 함께 제시하는 것을 목표로 합니다. 이를 위해 각 권은 해당 작품을 오랫동안 고민해 온 영화사 연구자와 영화비평가가 집필을 맡아, 각자의 시선으로 한 편의 영화를 세심하게 읽어 나갑니다.

이 책들이 한 편의 영화를 통해 아카이브의 가치와 역사적 의미를 되새기고, 비평이 지닌 사유의 즐거움과 깊이를 함께 전하는 계기가 되기를 바랍니다. 독자 여러분의 지속적인 관심과 응원이 이 총서를 앞으로 나아가게 하는 가장 큰 힘입니다.

2025년 12월
한국영상자료원 원장 김홍준
학예연구팀장 정종화

차례

머리를 위한 변명

이명세에게 모자는 뗄 수 없는 사물이다. 그가 모자를 쓰지 않고 공식 석상에 나서는 경우는 드물다. 물론 모자를 애용하는 감독을 찾는 것쯤은 쉬운 일이다. 다만, 오랫동안 같은 모자를 고집하는 경우는 흔치 않다. 이명세는 2000년 〈인정사정 볼것 없다〉로 마이애미영화제에 초청받았을 때, 집행위원장에게 선물 받은 영화제 모자를 무려 15년간 착용했다고 알려졌다. 모자가 낡아 더는 쓸 수 없게 되었을 때, 그것과 똑같은 모자가 나타나는 운명 같은 일도 벌어졌다. 마이애미영화제 모자는 어느 순간 사라졌지만, 그의 머리 위에는 여전히 모자가 함께한다.

〈첫사랑〉을 만들 당시의 자료 화면이나 사진 속에서 모자를 착용하지 않은 이명세의 모습을 어렵지 않게 목격하게 된다. 심지어 대학 시절 그는 어깨까지 내려뜨린 장발로 유명했다. 〈첫사랑〉에서 감독은 영신(김혜수)이 창욱(송영창)을 만나기 위해 서울행 기차를 탔을 때, 맞은편에 앉은 승객으로 등장했다. 당시 국내에 도입된 스크린프로세스screen process 방식은 전면영사하는 형태로 카메라와 스크린 간에 일정 거리를 요구했으며, 따로 모니터할 수 있는 여건도 마련되지 않았다. 이명세는 부득이하게 실시간 모니터를 겸한 보조출연자로 카메라 앞에 등장하게 된 거다. 영상 속 감독은 당시 트레이드마크였던 까만 뿔테 안경에 제법 덥수룩한 머리를 하고 있다.

〈첫사랑〉이 개봉할 무렵 이명세를 인터뷰한 한 영화 매체 기자는 인터뷰 서두에 (감독이) "37세의 나이임에도 듬성듬성한 머리칼 사이로 흰머리가 살짝살짝 엿보였다"라고 썼다. 이명세는 2024년 발간된 〈첫사랑〉 블루레이 코멘터리에서 〈첫사랑〉을 찍을 당시 엄청난 스트레스로 흰머리가 생기고 머리가 빠지는 신체 현상을 겪었다고 털어놨다. 이명세에게 〈첫사랑〉은 머리카락과 맞바꾼 영화인 셈이다. 이명세가 카메오로 출연한 짧은 장면은 이를 증명하며 거기 남아 있다.

감독에 실례가 될지 모를 이야기를 늘어놓은 이유는 이 책의 주제 중 하나가 머리카락이기 때문이다. 책은 크게 세 개의 장으로 구성되었다. 1장에서는 무성영화와의 친연성을 중심으로 감독의 영화 세계를 훑었다. 2장에서는 시간을 중심으로 〈첫사랑〉을 돌아봤고, 3장에서는 '머리의 영화'라는 키워드로 영화에 잠재된 머리를 둘러싼 이야기를 모았다. 감독의 모자와 관련된 이야기는 3장에 포함될 뻔했으나 생략된 이야기로 여기에 짧게나마 남겨 둔다. 부디 여기에 쓰인 글들이 나무에 핀 옹이 하나에 집착한 클로즈업이자, 감독의 영화 세계를 환기하는 울창한 부감 숏으로 두루 읽히길 바란다.

내가 〈첫사랑〉을 처음 본 건 2011년 영상도서관 멀티미디어석에서였다. 흐릿한 화면은 영화의 향수를 강화하면서 마치 동시대의 텔레비전을 통해 영화를 감상하는 기분을 느끼게 했다. 딱히 무어라고 단언하기 힘든, 잡히지 않는 형식이 주는 기분좋은 혼란이 기억에 남았다. 그로부터 14년 후 이 영화를 다룬 저작의 저자가 될 수 있었던 데는 여러 우연이 있겠지만, 그 사소한 만남이 내게는 작은 계기가 되었다.

올해로 등단한 지 10주년이 되었고, '젊은'이라는 수식어를 잃은 지 오래지만, 이 책은 사실상 나의 첫 번째 책이다. 〈첫사랑〉 옆에 작은 처음을 새기게 해 주신 한국영상자료원 관계자분께 깊은 감사를 전한다. 이 책을 쓰는 동안 이동이 금지된 사람처럼 책상에 묶인 채였지만, 부디 어떤 방식이든 사람들을 움직이게 만드는 책이 되었으면 한다.

프롤로그

멜로와 일기,
이명세와 사소함의 시대

"사랑이 너에겐 어떻게 왔는가?
햇살처럼 왔는가, 꽃바람처럼 왔는가
아니면 기도처럼 왔는가
말하여다오…"

〈첫사랑〉(1993)을 만들 당시 이명세가 표면적으로 강조한 기획 의도는 '한 편의 시를 보여 주자'였다. 하지만 근본적인 차원에서는 '세상에서 가장 사소한' 영화를 만들겠다는 야심을 품었다. 그 배경에는 이명세가 대학교 1학년이던 시절 접했던, 황동규의 시 〈즐거운 편지〉(1958)가 있다. "언젠가 그대가 한없이 괴로움 속을 헤매일 때에 오랫동안 전해 오던 그 사소함으로 그대를 불러 보리라"는 구절에서 '사소함'이라는 시어가 이명세에게 하나의 화두가 되었다.[1]

그도 그럴 것이, 이명세가 대학 신입생이던 시절은 유신정권이 지배하던 1979년이었다. 당시 대학 분위기가 어땠을지 가히 짐작할 수 있다. 이명세는 '사소함'이라는 화두와 더불어, 거대 담론에 휘둘리는 대신 자신의 길을 갈 용기를 얻는다. 그로부터 10년 후 〈개그맨〉(1988)으로 데뷔한 이명세는 〈나의 사랑 나의 신부〉(1990), 〈첫사랑〉을 만들면서 사소한 영화를 향한 오랜 결심을 실천한다.

멜로의 시대와 이명세

이명세가 사소함을 실험한 두 편의 작품은 제목에서부터 사랑을 직접 지칭한다. 여기에서 사랑이라는 주제와 사소함의 관계를 유추할 수 있다. 이명세가 두 편의 영화를 만들 당시는 리얼리즘이 대세였으며, 사랑은 중요한 주제가 아니었다. 하지만 그로부터 약 5년이 지난 90년대 말에 이르러 멜로영화 전성기가 시작되었다. 〈접속〉(장윤현, 1997)과 〈8월의 크리스마스〉(허진호, 1998), 〈편지〉(이정국, 1997)와 〈약속〉(김유진, 1998) 등 멜로영화가 연이어 흥행하면서 사랑이라는 주제는 외면할 수 없는 흐름이 되었다. 멜로 부흥을 둘러싼 찬반이 맞붙은, 이른바 '멜로 논쟁'은 멜로영화가 가진 의미를 짐작하게 하는 사건이다.

멜로 논쟁은 당대의 무의식을 가리키는 사건으로, 여기에 잠재된 무의식 중 하나는 한국영화 저질화에 대한 우려다. 멜로영화는 암묵적으로 존재하는 영화 계급 내에서 상대적으로 저속한 취향으로 분류된다. 멜로영화는 보편적인 감정을 겨냥하기 때문에 설명이나 해석이 필요하지 않다. 영화가 하나의 예술로서 인정받기를 원하는 이들에게 멜로영화는 지나치게 쉽고 편리했다. 하지만 이것이 논쟁으로 비화한 데는 멜로영화 관객이 주로 여성이라는 선입견이 작용했다. 90년대 문화적 부흥 속에서 여성을 어떻게 의미화하고 통제하려 했는지를 가늠하게 하는 대목이다.

당시 한국 사회를 지배한 다른 무의식은 거대 담론 상실에 대한 불안이다. 멜로영화의 부흥은 집단 중심에서 개인 중심으로의 전환을 상징적으로 드러내는 사건이었다. 사랑이라는 주제는 개인에게 가장 중요한 사건이기에 개인의 증명으로 읽혔다. 한국영화에서 멜로가 거의 실종되었다고 말하는 오늘날, 사랑을 배격한 시대는 까마득한 옛날이야기처럼 여겨진다. 리얼리즘과 사랑이라는 이분법도 더는 유효하지 않다. 시대마다 달라지는 리얼리즘의 정의를 빠르게 수용하는 콘텐츠 시장에서, 영화의 리얼리즘은 여전히 경직된 것처럼 보인다. 리얼리즘이 개인화된 것과는 달리, 상업영화에서의 리얼리즘은 여전히 정치적인 사건을 의식한다. 과거를 빠르게 잊어버리는 세계 속에서 역사적 실화를 바탕으로 한 영화들은 오늘날에도 여전히 힘을 얻는다.

이제 극장은 영화만 보는 곳이 아니라, 거의 모든 콘텐츠를 소비하는 곳이 되었다. 야구나 콘서트 실황, 뮤지컬, 사상 주입, TV 프로그램 등 영화 장르를 벗어나 확실한 소수의 관객을 모을 수 있다면 어떤 콘텐츠도 가능하다. 이에 관해 아무런 비판적 반응이 없는 오늘날 상황을 돌아보면, 그때는 적어도 솔직한 목소리를 낼 의지라도 있었다고 자조하게 된다.

이명세는 1983년부터 88년까지 홍파, 김정일, 배창호의 조감독을 거치며 탄탄한 기초를 쌓았으며, 데뷔 초부터 일찌감치 자신의 개성을 드러냈다. 이명세의 영화는 사랑을 다루되, 멜로나 로맨스의 전형에서 벗어난 독특한 세계를 그린다. 그의 색채로 변신한 세트와 함께 작동하는 세계는 그만이 도달할 수 있는 별처럼 남아 있다. 그의 영화는 당대에 하나의 경향을 만들어 내진 못하지만, 시대를 건너 그와 닮은 무언가를 비춘다. 이명세의 영화는 기본적으로 코미디이지만, 그 안에 시대와 상황이 얽힌 페이소스를 담는다. 그렇다고 마냥 현실 비판이나 풍자를 그린 것도 아니어서 블랙코미디로 분류되지도 않는다.

이명세는 장르 자체를 실험 대상으로 삼는 것이 아니라, 주제 자체에서 아이러니를 끌어내는 쪽이다. 그에게 사랑은 소재가 아니라, 하나의 주제다. 내용으로서만이 아니라 표현에서도 그렇다. 사랑은 겪는 사람에게는 엄청나게 큰 사건이지만, 밖에서 바라보는 사람들에게는 사소한 것으로 인식된다. 이것이 바로 사랑에 관한 재현이 근본적으로 비극인 이유다. 이명세가 〈첫사랑〉을 통해 전달하려는 것도 여기에 있다. 〈첫사랑〉의 영신은 사랑할 때 인간의 마음속에서 일어나는 감정의 변화를 확대경처럼 보여 주는 인물이다. 영신은 사랑이라는 보이지 않는 감정을 보이게 만들어야 하는 막중한 임무를 띤 채 무대 위에 선 1인극 배우처럼 보인다. 영신의 심리 상태에 꼭 맞춘 편집 방식은 과장된 행동과 표정을 위한 무대장치가 된다. 독백하듯 자신의 마음을 담은 일기를 들려주는 영신의 목소리는 과장된 몸짓이 초래하는 필연적 거리감을 와해하며 관객과의 거리에 균형을 잡는다.

일기체와 사적 영화

사소함은 오늘날 흔히 쓰이는 '사적'이라는 표현과도 통한다. 이명세가 〈첫사랑〉을 만든 90년대는 '신세대', 'X세대'로 통칭하는 젊은 세대를 중심으로 개인주의와 개성이 주목받은 문화의 부흥기였다. 2000년대에는 디지털기기의 발달로 생각을 공유하는 가능성의 폭이 확대되면서 사적인 것이 생활문화 전반을 압도했다. 그와 함께 사적인 것과 공적인 것의 경계가 모호해진다는 말이 하나의 수사가 아니라, 부정할 수 없는 상식이 되었다.

이러한 문화적인 흐름은 독립영화에도 영향을 미쳐, 자전적인 작품이 부흥하는 계기가 되었다. 2000년대 초반에는 누군가의 일기를 들여다보는 듯한 인상을 주는 작품들이 두드러졌다. 이명인은 이를 세대론과 맞물려 '시네 다이어리 세대'라는 이름으로 호명하기도 했다. 〈첫사랑〉이 만약 2000년대에 만들어졌다면, 이 작품이 보여 주는 일기체 내레이션이 시대적인 흐름을 보여 주는 기법으로 호명되었을지도 모른다. 속내를 드러내는 영신의 내레이션은 시청각적 다이어리 쓰기의 전형을 보여 주며, 시로 빼곡한 자막은 사랑에 빠진 누군가의 일기장을 그대로 옮긴 듯하다. 70년대 말 어느 대학생이 꿈꿨던 사소함은 이른 실험을 외면한 90년대를 지나, 2000년대에 자신의 편지가 너무 일찍 도착했음을 깨닫게 될 운명이었다.

사적인 것이 새로운 흐름으로 주목받는 시기가 지난 2010년대 이후, 사적인 것의 가치는 전과 달라졌다. 사적이라는 말은 사적 다큐멘터리, 사적 영화 등의 용어로 지칭되는 장르 아닌 장르를 만들었는데, 그렇게 지칭되는 순간 이미 장르적 포화 상태에 이른 듯한 인상을 주었다. 창작자들에게는 이것이 처음인데, 보는 사람들에게는 이미 지난 이야기처럼 들리는 데서 오는 이룰 수 없는 사랑의 비극이 여기에서도 반복되었다. 사적인 것은 영화가 가진 여러 가지 개성 중에서 개인적인 이야기라는 사신에만 강조점을 두는 좁은 집처럼 여겨졌다. 개인적인 이야기는 그것이 아직 공감을 얻지 못했거나 아마추어 영화라는 뉘앙스까지 풍겼다. 남성 감독들의 영화가 '자기반영성'이라는 말로 수식되는 동안, 여성 감독들의 영화만을 사적이라고 인식하는 경우가 빈번해지면서 특히 여성 창작자들에게 사적이라는 용어가 꺼림칙한 수식어가 되기도 했다. 하지만 사적인 것은 끊임없이 새롭게 정의될 수 있는 미완의 개념이다. 사적인 것은 구획된 가치체계를 인식하게 하는 창이자, 이를 넘어서게 하는 기틀로, 여전히 재발견의 시간을 기다리는 중이다.

사적인 것은 기본적으로 정치적인 것의 대응물로 인식된다. 이명세의 영화가 정치성의 결여로 비판받은 것도 그와 비슷한 맥락에 있다. 특히 〈첫사랑〉은 70년대를 배경으로 삼았기에 이러한 비판은 어느 정도 의도된 것처럼 보였다. 그는 정치 현실의 반영 여부에 치중한 편협한 방식의 리얼리즘영화가 주류이던 시기를 인식했고, 여기에서 벗어나고자 하는 의지를 품었다.

촌스러운 커트 머리의 여성을 주인공으로 세운 로맨스영화는 오늘날의 시선에서도 파격적이다. 여전히 여성 캐릭터의 시선과 목소리를 요구하는 흐름이 존재함을 염두에 두면, 일상적인 여성 캐릭터의 시선과 목소리로 진행되는 〈첫사랑〉의 가치는 유효하다. 물론 영신이 나이 많은 '유부남' 선생을 좋아한다는 설정은 오늘날의 여성 관객이 추구의 대상으로 삼는 것을 주저하게 만드는 걸림돌인지도 모른다. 하지만 과거를 반추하면서 그 정도의 부끄러움도 없다면 그 과거는 애초에 비밀조차 아닐 것이다.

이명세는 사소함이 '일상성이고 디테일이며, 삶의 엑기스이자, 미학의 본질이고, 우주'라고 설명했다. 이명세의 영화가 우주가 깃든 모래 알갱이와 같은 것이라면, 그의 영화의 사소함을 사소함으로 내버려두어야 할지, 거기 깃든 우주를 읽어야 할지 고민했다. 그러다 결국 사소한 것을 사소한 대로 내버려두는 가운데 길을 찾기로 했다. 이 책은 그 선택의 흔적이다. 하지만 누군가는 우주에서 출발해 그의 영화 세계에 닿을 수도 있을 것이다.

1장
이명세는 무성영화를 꿈꾸는가

"젊음이란 어떤 것이었는가를 …
특히 여러분이 첫사랑에 빠졌던 때를 회상해 보세요.
다른 사람이 어떤 말을 걸어도
아무 말도 들리지 않던 그런 시절."

이명세는 무성영화 감독을 향한 애정을 공공연하게 드러내 왔다. 채플린Charlie Chaplin이나 버스터 키튼Buster Keaton, 자크 타티Jacques Tati, 페데리코 펠리니Federico Fellini, 오즈 야스지로(小津安二郞) 등 그가 존경을 바친 감독들은 무성영화 감독이거나 무성영화의 뿌리를 인식하게 하는 감독이다. 이들의 영화가 종종 코미디의 요소를 지닌다는 것도 빼놓을 수 없는 공통점이다.

이명세는 무성영화의 대표적인 캐릭터를 영화 속에 인용해 왔다. 〈개그맨〉(1988)에서 안성기가 연기한 이종세는 찰리 채플린의 외양을 연상시키는, 인중을 덮는 짙은 콧수염을 달고 등장한다. 물론 이명세는 당시에는 채플린을 잘 몰랐고, 한국의 옛날 개그맨을 염두에 두었다고 해명했지만, 카바레 무대에서 원맨쇼를 하는 자기 연출자인 이종세의 모습에서 채플린을 연상하지 않기란 힘들다. 〈남자는 괴로워〉(1994)에는 문성근과 이경영이 카메오로 등장해 장의사 콤비를 연기하는데, 이들 역시 콧수염을 단 우스꽝스러운 모습이다. 그 밖에도 인물의 말보다 행동을 과장해서 보여 준다거나, 자막의 과도한 활용 등의 요소를 통해 그의 영화가 무성영화에 젖줄을 대고 있음을 짐작할 수 있다. 2024년 개봉한 옴니버스영화 〈더 킬러스〉(김종관·노덕·장항준·이명세)를 통해 발표한, 이명세의 단편 〈무성영화〉는 흑백 화면과 자막 운용, 연극적인 분장을 매개로 무성영화에 대한 그의 애정이 지속되고 있음을 증명한다.

종이로 된 스크린

　이명세의 두 번째 작품인 〈나의 사랑 나의 신부〉는 활자를 적극적으로 활용한 작품이다. 남성과 여성, 사랑에 관한 이야기가 7개의 챕터와 함께 에피소드 식으로 전개된다. 개봉 당시 인터뷰에서 이명세는 챕터로 나눈 이유에 관해 '관객이 무언가에 집중할 수 있는 시간이 짧다'라는 이유를 들었다.[2] 당대의 관객을 염두에 둔 발언처럼 보이지만, 영화의 기원은 본래 단편임을 염두에 두면 초기 관객을 소환하는 발언으로도 들린다. 챕터 구성 역시 무성영화 시기 자막 운용을 복원하는 시도로 볼 여지가 있다.

　〈나의 사랑 나의 신부〉가 흥행에 성공하면서 차기작 〈첫사랑〉에서 감독의 형식적 시도는 좀 더 대담해졌다. 〈첫사랑〉 역시 〈나의 사랑 나의 신부〉만큼이나 분절되어 있지만, 친절한 안내자 역할을 했던 챕터를 삭제하고 기성 시인의 시를 화면 가득 채운다. '시화전'이라는 표현이 딱 들어맞는, 색색의 도화지에 시와 꽃 그림 등이 예스럽게 어우러진 모양이다. 이명세는 곳곳에 시를 인용한 이유에 관해 '시를 읽지 않는 젊은 세대들이 영화를 볼 때만이라도 시를 읽게 만들자는 의도'[3]라고 여러 차례 밝혔다.

　챕터 장면 자체의 효과를 눈여겨보면, 챕터는 스크린의 평면성을 강조하는 장치다. 무성영화 자막이 그 평면성으로 인해 영상 이미지가 주는 입체성과 확연히 구분되었듯이, 이명세의 영화에서 스크린은 때때로 종이와 같은 평면의 질감을 전달한 다. 〈첫사랑〉에서 화면 가득 시를 채운 장면은 물론이고, 강창욱(송영창)의 이름을 색색의 펜으로 노트 가득 채우는 장면은 스크린을 종이로 활용한 표면적인 사례.

영신이 방 안에 들어온 창욱의 환상과 대화하는 장면은 "이건 감상적이야, 너무 유치해"라면서 종이를 구기는 영신의 모습으로 일단락된다. 이를 통해 창욱과 마주 나눈 대화가 실은 독백이며, 독백은 편지지에 쓴 글임이 드러난다. 영신은 몽유병자처럼 방문을 열고 나와 집 복도를 서성이며 입으로는 편지 수정 작업을 계속한다. 첫 소절을 읊던 중 어머니가 나오면서 독백은 잠시 중단되는데, 이후에 영신은 마무리하지 못한 앞 소절을 똑같이 반복하면서 지금 들리는 목소리가 즉흥적인 말이 아닌 정돈된 글임을 드러낸다. 영신의 혼잣말은 편지지를 봉투에 넣어 봉하는 장면으로 마무리된다. 방의 안팎을 오가는 동선과는 달리, 실제 영신의 몸은 줄곧 책상에 앉아 편지를 쓰고 있었음이 틀림없다. 엔딩 크레디트에서 골목길은 한 장의 그림이 되어 작은 엽서 앞면에 새겨진다. 엽서는 자신의 뒷면에 적힌 글은 물음표로 남긴 채 별들로 반짝이는 우주 속에 떠 있다.

종이 이후

〈첫사랑〉은 이명세의 마지막 '종이 영화'다. 〈첫사랑〉의 흥행 실패가 남긴 뼈아픈 결과는, 그가 종이와 결별하고 컴퓨터 모니터로 옮겨 갔다는 사실이다. 〈첫사랑〉의 다음 작품인 〈남자는 괴로워〉의 배경은 동시대의 광고 회사다. 안 과장(안성기)이 소속된 팀의 사무실은 각자의 테이블마다 컴퓨터가 놓인 전형적인 사무 공간이다. 당시 이명세의 영화를 따라온 관객이라면 어리둥절할 만큼 낯선 현대적인 공간은 이제는 종이를 버리고 컴퓨터로 옮겨 가겠다는 이명세의 선언과도 같았다. 〈남자는 괴로워〉의 사무실 전경은 〈나의 사랑 나의 신부〉에서 영민(박중훈)이 근무하던 출판사 사무실이 책과 서류가 놓인 아날로그적 공간이었던 것과 명확히 대조된다.

〈지독한 사랑〉(1996)에 이르러 편지는 디지털 화면 위에 쓰인다. 영민(김갑수)은 컴퓨터로 영희(강수연)에게 보내는 편지를 쓴다. 편지를 쓰는 동안 모니터에 비친 영민의 얼굴은 흐릿하게 초점에서 벗어나 있고, 화면 위에 실시간으로 쓰이는 필기체 글자에 선명히 초점이 맞는다. 〈첫사랑〉에서 영신이 쓰다가 망친 편지를 구겼다면, 영민은 커서를 거꾸로 움직이는 것으로 쓴 글을 모두 사라지게 만든다. 주절주절 쓴 말을 모두 지우고, 더 간결하게 사랑을 표현했다가 그마저도 지운다. 썼다가

지우기를 반복해도 화면에는 아무런 흔적도 남지 않는다. 다만 모든 것을 지운 후에야 무표정한 영민의 얼굴이 초점 안으로 들어오며 모니터 화면 위에 선명하게 인화된다. 어디에도 사랑이 쓰이지 않은 얼굴이다.

〈M〉(2007)에서 컴퓨터 스크린은 하나의 대상으로 인용되는 것이 아니라, 영화 스크린을 대체한 것처럼 보인다. 오프닝 시퀀스에서 손글씨 형태로 나타나는 미미(이연희)의 편지는 자막의 일종으로 스크린 위에 나타났다가 사라지고, 타자를 두드리는 소리와 함께 실시간으로 쓰이는 글자가 검은 스크린을 가득 채운다. 스크린은 쓰이는 글자 이미지와 쓰는 민우(강동원)의 얼굴을 동시에 비춘다. 민우는 자기 글에 대한 편집자의 코멘트인 '좀 더 구체적으로, 좀 덜 시적이게'를 영어식으로 바꾼 문장을 화면 가득 채운 뒤 단번에 삭제시킨다.

이상 세 편의 영화에서 도출되는 아날로그와 디지털의 가장 큰 차이는 지운 뒤 흔적이 남는지의 여부다. 종이가 흔적을 보존하는 동안, 디지털은 흔적을 완전히 삭제한다. 종이는 물에 닿으면 젖지만, 투명한 스크린은 물이 폭포처럼 쏟아져 내려도 젖지 않는다.

모든 것은 매개다

'M'이 거울Mirror을 의미한다고 유추될 만큼 〈M〉에서는 어딘가에 비친 상을 반복해서 보여 준다. 미미가 골목에서 엄브렐러맨에게 쫓길 때, 거울에 비친 미미의 모습이 드러나고 카메라가 거울 속으로 줌인zoom in하면 마치 거울을 통과한 것처럼 그 길이 펼쳐진다. 거울에 비친 상은 이명세의 영화 속 반복되는 장치다. 〈첫사랑〉에서도 거울을 활용한 장면이 곳곳에 배치되었다. 영신이 미숙(조윤희)과 함께 창욱을 만나기 위해 서울을 방문했을 때, 서울을 보여 주는 첫 시퀀스는 거리에 버려진 장롱 거울에 비친 하늘을 포착하면서 시작한다. 영신이 술에 취한 창욱과 여관에서 하룻밤 묵는 장면에서 여관 주인의 못마땅한 반응과 거울에 비친 당황한 영신의 얼굴이 같은 프레임 안에 담긴다. 영신이 창욱과의 데이트를 앞두고 단장하는 모습에서는 카메라가 거울의 역할을 대신하기도 한다. 〈첫사랑〉에서 거울은 무언가를 비추는 거울 본연의 기능에 충실했다면, 〈M〉에서 거울은 때로는 뚫고 들어갈 수 있는 마술과 같은 트릭 안에 존재한다.

거울에 비친 상은 배우를 포함해 보이는 것들이 모두 어딘가에 비친 이미지일 뿐이라는 사실을 드러낸다. 거울과 함께 이명세의 영화에서 두드러지는 액체와 기체, 고체 등의 물성

거울에 비친 상은 이명세 영화 속에서 반복되는 장치다. 영화 〈M〉(이명세, 2007, 프로덕션M 제작, 청어람 배급)은 'M'이 거울을 의미한다고 유추될 만큼, 어딘가에 비친 상을 반복해서 보여 준다.

역시 보이지 않는 것을 보이게 만드는 매개다. 안개, 연기, 수증기, 세탁소에서 내뿜는 김 등의 기체, 빗물, 땀, 눈물과 같은 액체가 그의 영화에서 자주 발견되는 물질이다. 특히 눈물은 보이지 않는 감정을 매개하는 역할을 한다. 거울을 비롯해 바람에 흔들리는 흰 천, 빗물이 떨어지는 우산 등의 고체는 다른 물질에 반응하며 서로 관계를 맺는다.

역설의 스타일리스트

'한국영화 최고의 스타일리스트'는 이명세를 일컫는 대표적인 수식어다. 스타일리스트라는 말은 그의 영화 세계가 무르익은 뒤에 나온 수식어가 아니라, 초기 연출작부터 때론 부정적인 뉘앙스로 따라다녔다. 특히 흥행에 참패한 〈첫사랑〉을 놓고 평자들은 영화나 감독의 실패가 아닌, 그가 추구하는 양식주의의 실패로 의미화할 정도였다.* 이후 〈인정사정 볼것 없다〉(1999)가 개봉한 이후 이명세는 김시무와의 대담에서 자신에게 붙곤 하는 스타일리스트라는 수식어에 의문을 표했다.

---

*   이정하 평론가는 "양식주의와 빛바랜 회고 취향이 어떻게 어긋나 버렸는지를 진지하게 고민해 보아야 할 것이다"라고 지적했다. 이정하, 〈영화관람석 첫사랑〉, 《한겨레》, 1993년 1월 30일자 9면.

"사실 나같이 스타일이 없는 사람은 없다. 역설적이지. 나는 어떤 정해진 틀에 따라서 작업하지는 않는다. 난 그런 방식을 혐오한다. 난 내 영화의 어디에서 픽스 촬영을 하고 어디에서 롱테이크를 하고 이런 것을 미리 정해 놓고 영화를 찍지는 않는다. 그저 자유롭게 그때그때 상황에 맞게 카메라를 들이댄다. 무정형으로써 정형을 만들어 간다고 할 수 있을 것이다. 그래서 연기자들이 오히려 당황스러워할 정도다. 왜냐하면 명확하게 연기 스타일을 지정해 주지 않으니까."[4]

이명세의 해명대로 그에게 스타일리스트라는 수식어가 반복되는 이유는 그가 특정 스타일을 고수하기 때문은 아닌 것 같다. 스타일리스트라는 수식어가 붙는 이유는 첫째, 그가 보이는 것에 지독할 정도로 집착하기 때문이고, 둘째, 이명세가 영화의 내용이나 대사 차원을 상대적으로 경시하기 때문이다. 말이 아닌 영상으로 말하고자 하는 욕망은 영화감독 대부분이 공유한 욕망일 테지만, 이명세는 "보이는 것만이 의미가 있다고 생각"[5]할 정도로 어떻게 보여 줄 것인가에 남다른 집착을 보인다. 하나의 스타일만을 고집하지 않는다는 말은 곧 형식적 기법이 예상치 못한 자리에서 쓰인다는 말이고, 그랬을 때 형식은 더욱 두드러지게 마련이다.

대사의 슬랩스틱

이명세는 이미지의 스타일리스트인 것뿐만 아니라 언어 혹은 대사의 스타일리스트이기도 하다. 이명세의 영화는 비주얼의 형식뿐만이 아니라 내용이나 대사 역시 본래의 용법에서 이탈시킨다. 이 과정에서 대화의 맥락에서 기대되는 리얼리티를 훼손하는 것도 마다하지 않는다. 〈M〉의 대화 장면에서 인물들의 대사는 실제 대화의 속도라고 보기 힘든, 1.5배속 정도의 속사포 대사를 선보인다. 그 속도는 무성영화에서 실제보다 빨라지는 이미지의 속도를 연상시킨다. 그러니까 이미지 대신 대사로 무성영화의 속도를 대체하는 것처럼 보인다. 기술적인 처리를 통해 인물의 말을 빠르게 처리하는 것도 가능하지만, 이명세는 가능한 한 배우의 연기에 기댄다. 형식적으로 두드러진 장면 처리 방식에 관해 이명세는 '핵심을 잡아낸다'는 말로 표현한다.

"우리는 형식과 내용을 마치 분리된 것처럼 생각하는 경향이 있다. 빛 독촉하는 장면을 찍는다고 해 보자. 여기에 구구하게 주변 얘기를 할 필요가 있는가. 그때 필요한 정확한 상태로 달려가려고 하는 것이 중요하다. 핵심을 잡아내는 것이 중요하다는 거다."[6]

대사는 일종의 슬랩스틱처럼 활용된다. 〈첫사랑〉에서 영신이 문수와 함께 창욱의 하숙집에 찾아간 날, 집 보일러가 고장 났다는 엉뚱한 핑계를 댄 영신은 창욱을 만나지 못한 채 보일러에 관한 이야기만 한참 동안 듣고 있어야 하는 상황이다. 영신은 창욱의 닫힌 방문에 대고 자신이 왔다는 사실을 알리기 위해 음량을 순간적으로 올렸다가 내리기를 반복하며 외치듯이 말한다. 이때 이들이 나누는 보일러와 관련된 대화 내용은 전혀 중요하지 않다.

〈M〉에서 민우가 출판사 편집장과 만나는 일식집 장면은 회전하는 선풍기에 의해 인물의 대사가 뭉개지는 현상을 활용해 말을 조롱하고 풍자한다. 한편, 같은 상황이 반복되면서 인물의 말이 지닌 대사로서의 성격이 강조된다. 편집장과 민우의 대사와 상황이 서로 뒤바뀌거나, 편집장의 자리에 은혜(공효진)의 아버지가 들어오기도 한다. 이 상황을 이미 경험한 민우는 상대방의 말을 앞질러서 상대방의 대사를 갈취하기도 하는데, 이것은 정해진 대본으로 진행되는 영화 촬영의 조건을 서사 안으로 끌어온 설정처럼 느껴진다. 즉흥극이 아닌 이상, 배우들은 이미 벌어질 상황과 서로의 대사를 아는 상태에서 촬영을 시작하기 때문이다.

이처럼 이명세의 영화는 인물들이 나누는 대화가 실은 대사라는 본래적 사실을 종종 인식하게 만든다. 대화가 대사로,

대사가 대화로 뒤바뀌는 상황을 연출하는 데는 극중극이 주로 활용된다. 이명세가 시나리오 작가와 조감독으로 참여한 배창호의 〈기쁜 우리 젊은 날〉(1987)은 연극무대라는 사실을 드러내지 않은 채, 연극무대에서 대사를 하는 배우를 보여 주는 장면으로 막을 연다. 아직 배역의 이름을 알 수 없는 배우 황신혜의 얼굴이 클로즈업으로 보이고, 배우는 화면에는 보이지 않는 누군가를 향해 말을 건다. 카메라가 서서히 줌아웃zoom out하면 배경 장소는 상연 중인 무대 위이며, 인물은 관객 앞에서 독백 연기 중인 배우임이 드러난다. 무대가 노출되기 전까지 영화는 전형적인 호스티스물처럼 보였으나, 무대라는 사실이 드러난 뒤에는 동시대의 청춘물로 점프한다.

〈기쁜 우리 젊은 날〉의 주인공 안성기와 황신혜는 물론 연출자인 배창호 감독까지 배우로 섭외한 감독 데뷔작 〈개그맨〉에서, 이명세는 〈기쁜 우리 젊은 날〉의 오프닝 시퀀스를 연상시키는 극중극을 보여 준다. 이명세는 영화 촬영용 세트라는 사실을 숨긴 채, 한 여자(조주미)가 남편을 기다리는 시간을 보여 준다. 무선전화기와 소파, 벽에 걸린 명화, 애완용 강아지 등은 그가 상류층 가정주부라는 사실을 드러낸다. 여자는 별안간 남편이 큰 사고를 당해 위독한 상태라는 소식을 전해 듣고 충격에 빠진다. 심각한 상황에서 이종세의 우스꽝스러운 얼굴 클로즈업이 빠르게 삽입되는 찰나, 여자의 웃음이 터지면서 이곳이 영화 촬영 현장임이 드러난다. 여자가 이종세(안성기)를 보고 웃음이 터져 NG를 내기 전까지 그가 배우이고, 이곳이 영화 촬영 현장이라는 사실은 드러나지 않는다.

촬영 현장을 극 내부에 끌어오는 방식은 자기반영적인 영화의 고전적 수법이다. 이것이 연극임을 드러내는 연극의 거리 두기 방식처럼, 카메라 안에 카메라를 배치하면서 이것이 영화임을 인식하게 한다. 하지만 자기반영성이라는 애매하게 통용되는 수식을 걷어 내고, 극중극이 드러나기 전과 후의 변화에 초점을 맞추면, 배우의 '말'이 약속된 '대사'임을 드러내는 장면이라고 말할 수 있다. 의도와 의미를 지녔다고 믿는 배우의 말이 가진 대사로서의 본질을 드러내면서 의미에 대한 강박과 무게를 덜어 내고 상황에 몰입한 관객이 긴장을 풀게 만드는 이명세의 방식이다.

말 못하는 사람들

이명세는 종종 작가를 주인공으로 삼아 왔다. 시나리오로 참여한 〈기쁜 우리 젊은 날〉을 포함하면 〈나의 사랑 나의 신부〉, 〈지독한 사랑〉 등 세 편의 작품에서 영민이라는 이름의 작가가 주인공으로 등장한다. 〈M〉의 민우는 소설가이며, 글

쓰는 사람으로 폭을 넓히면 〈지독한 사랑〉의 영희는 기자다. 〈첫사랑〉의 영신은 미대생이지만, 그가 그림을 그리는 장면보다는 일기나 편지 등 무언가를 쓰는 모습이 더 많이 노출된다.

주인공의 직업은 이명세의 영화가 말보다 글을 더 선호함을 드러낸다. 여기에서 나아가 말이 때때로 글의 속성을 지니고 있음을 드러낸다. 이명세의 영화에서 말은 다 같은 말이 아니라 대화로서의 말과 속마음을 표현하는 말로 분류된다. 전자가 홀대받는다면, 후자는 상대적으로 중시된다. 〈나의 사랑 나의 신부〉에서 오래된 연인의 표면적 대화와 그와는 다른 속마음은, 만화책에서 흔히 볼 수 있는 말풍선으로 가시화된다. 말풍선이 특정 장면에 한정해 쓰인 전작과 달리, 〈첫사랑〉에서는 영화 전체가 말풍선 속에 있다고 해도 과언이 아닐 정도로 영신의 속마음을 들려주는 내레이션이 영화 내내 흐른다. 내레이션은 즉흥적인 '말'의 성격보다는 정제된 '글'의 성격을 지닌다. 내레이션은 영신이 창욱에게 보내는 편지이거나 자신에게 쓰는 일기이며, 관객들에게 건네는 대화이자, 연극의 독백이다.

이명세의 인물들은 기본적으로 속내를 말로 표현하는 데 서툴다. 부장 앞에만 서면 실어증에 가까운 상태가 되는 〈남자는 괴로워〉의 안 과장을 예외로 하면, 이명세의 인물들이 말에 서툰 이유는 누군가를 짝사랑하는 감정 때문인 경우가 많다. 이러한 흐름에서 흥미로운 작품은 〈지독한 사랑〉이다. 이 영화는 사랑하는 대상을 대하는 서툶보다, 애인이 생긴 남편이 아내에게 이 사실을 털어놓지 못하는 상황에 초점을 맞춘다. 불륜 관계를 정면으로 다룬 〈지독한 사랑〉에서 영민과 영희는 자신들의 관계에 떳떳할 수 없지만, 반대로 이들의 고백을 들으려는 사람도 존재하지 않는다. 영민이 아내에게 애인이 생겼다고 고백하려는 순간, 식탁에 기대 세워 둔 청소기가 미끄러지면서 집중력이 흩어지고, 때마침 울리는 세탁기 종료 알림이 영민의 목소리를 묻어 버린다. 대화의 맥을 끊는 절묘한 타이밍에 일상의 소음을 배치하면서 듣고 싶지 않은 아내의 심리를 표현한다. 결국 영민과 영희의 관계를 해체하는 건 외부의 시선이나 압력이 아니라, 그들 자신이다.

이명세는 늘 사랑을 주제로 삼아 왔다. 이명세 스스로 3부작이라고 칭하는 〈나의 사랑 나의 신부〉, 〈첫사랑〉, 〈지독한 사랑〉에서는 각각 신혼부부의 사랑, 대학생과 초빙교사의 첫사랑, 불륜 관계인 남녀의 육체적 사랑을 다룬다. 하지만 폭을 넓히면 이명세의 필모그래피 전체를 사랑에 관한 이야기로 바꾸어 생각할 수 있다. 다시 한 번 첫사랑의 감정으로 돌아간 〈M〉을 비롯해, 〈형사 Duelist〉(2005)에서 남순(하지원)과 슬픈 눈(강동원)의 추적과 결투를 오가는 과정은 사랑으로 귀결된다. 직장인의 애환을 그린 〈남자는 괴로워〉에는 퇴직한 아버지에 대한 감독의 애정이 바탕에 깔려 있고, 데뷔작 〈개그맨〉에는 영화 만들기를 꿈꾸는 주인공을 통해 영화를 향한 지독한 사랑을 그렸다. 이러한 맥락에서 가장 이질적이라고 할 〈인정사정 볼것 없다〉조차 범인에 대한 형사의 집착을 기이한 사랑의 맥락에 놓아 볼 여지가 있다.

이명세가 꾸준히 사랑을 주제로 삼아 왔음에도 그의 영화가 '멜로영화'의 맥락에서 의미화된 적이 없는 이유는 무엇일까. 한국에서 멜로영화의 의미는 다소 협소한 방식으로 다뤄진다. 멜로영화에는 기본적으로 슬픔의 파토스가 깔려 있어야 하고, 캐릭터도 전형적인 경우가 대부분이다. 사랑을 가볍게 묘사하는 경우는 로맨틱코미디를 포함한 코미디 장르로 분류된다. 이명세는 주제로서 사랑을 다루되, 할 수 있는 한 가볍게 그린다. 이명세는 〈나의 사랑 나의 신부〉 개봉 무렵 가진 인터뷰에서 영화에 코믹한 요소를 집어넣는 이유를 다음과 같이 밝혔다.

> "〈개그맨〉, 〈나의 사랑 나의 신부〉는 모두 비극입니다. 그래서 관객들이 비극의 실체를 잘 볼 수 있도록 직선적인 표현보다는 우회적으로 나타내고 싶었습니다. '진리란 아픈 눈을 찌르는 밝은 빛'이라는 말처럼, 찌르긴 찔러야 하지만 바로 찌를 수는 없지요. 외면당하고, 거부당하기 쉬우니까요. 결국 관객에게 얘기를 잘 전달해 주기 위한 방법으로 선택했을 뿐입니다."[7]

이명세는 대부분 이루어질 수 없는 사랑을 다룬다. 이명세가 그리는 사랑은 대개 짝사랑이거나 불륜이다. 그의 영화 속 부부는 대부분 외도 중이거나 배우자의 외도를 의심한다. 하지만 그 의심을 밖으로 드러내지 못한다. 〈나의 사랑 나의 신부〉에서 영민은 미영(최진실)이 카페에서 어떤 남자와 함께 있는 모습을 목격한 뒤 미영의 외도를 의심한다. 그와 동시에 그 역시 회사 선배 승희(김보연)와 은밀한 관계를 만들며 외도의 주체가 된다. 〈남자는 괴로워〉에서 송 차장(송영창)은 의처증으로 아내를 몰래 미행한다. 〈첫사랑〉의 창욱은 기혼자임에도 영신과 데이트하고, 본가에 돌아간 뒤에는 좋은 남편과 아빠 노릇을 한다. 〈M〉에서 민우의 약혼자 은혜는 민우의 기억 속에 남은 유령 같은 존재와 싸워야 한다. 이명세의 사랑은 불가능해야 하며, 짝사랑이어야 한다.

액션과 사랑

자신의 속내를 털어놓지 못하는 사람들은 특유의 몸짓으로 마음을 드러낸다. 그 몸짓이 슬랩스틱에 가까울 때, 만화적인 코미디가 된다. 〈첫사랑〉에서 영신은 창욱을 보기 위해 들른 한밤중의 담벼락에서 당황해 엉덩방아를 찧거나, 연극을 준비하던 무대 위에서 허둥대며 뒤로 넘어지는 등 "다소 수선스러운 무언극의 몸짓"[8]을 보여 준다. 속마음을 털어놓지 못한 이들의 몸짓은 정교한 액션영화 속에서 사랑의 감정을 내비치는 쪽으로 변화된다. 〈형사 Duelist〉에서 남순과 슬픈 눈의 대결이 고조되는 양상은 대결 중 옷깃이 잘리면서 신체 일부가 노출되는 과정으로 치환되며, 대결과 사랑이 교환된다. 슬픈 눈을 미행하는 남순의 행동은 어느 순간 사랑하는 사람을 몰래 관찰하는 짝사랑의 행태와 완벽하게 포개진다.

이명세는 〈인정사정 볼것 없다〉에서 장성민(안성기)이 남자 (송영창)를 살해하는 장면을 디렉팅할 때, 장성민을 연기한 배우 안성기에게 칼을 휘두르는 것이 아니라 애인에게 헤어지자고 말하기 위해 꽃을 선물하는 것처럼 연기하라고 주문했다.

"안성기 씨가 송영창 씨를 살해하는 장면에서 안성기 씨한테 누군가를 죽인다는 느낌이 아니라 꽃을 주면서 헤어지자는 고백을 한다는 느낌으로 연기하도록 지시했습니다. 정말 잔인한 사랑이지만 그런 사랑에도 무언가 미안한 마음이 있는 것처럼 칼날을 휘두르는 것도 그와 같은 감정이 들어가 있지 않을까 하는 생각에서 드린 부탁이었습니다."[9]

이명세는 장성민의 과묵함에 기댄 나머지 주요 배역인 그에게 한 마디의 대사조차 부여하지 않았던 사실을 나중에야 알았다.* 배우가 즉흥적으로 넣은 대사를 살리면서 안성기는 겨우 한 마디를 건진다.[10] 우 형사(박중훈)가 장성민의 애인인 주연(최지우)을 주요 포섭 대상으로 삼을 때, 이들의 관계는 한 여자를 사이에 둔 두 남자의 삼각관계와 유사해진다. 이를 부정한다면, 우 형사가 장성민을 체포한 뒤 주연을 찾아갔지만 제대로 말도 걸지 못하고 멋쩍게 돌아서는 장면이 주는 짝사랑의 기운을 제대로 설명할 수 없다.

액션은 말하기 힘든 이들의 언어다. 다른 말로 하면, 이명세는 액션을 언어처럼 찍는다. 〈형사 Duelist〉에서 남순과 안 포교(안성기)가 범인을 사이에 두고 포위망을 좁히는 과정에서 별안간 패스트모션fast-motion과 빠른 템포의 음악으로 인물의 동작을 경박하게 처리한다. 이를 통해 무성영화의 리듬을 만든다. 남순과 슬픈 눈의 진지한 대결 장면에서조차 탱고 음악을 깔아서 액션에 대한 몰입을 깨고, 액션이 합을 맞춘 퍼포먼스라는 사실을 투명하게 드러낸다. 〈인정사정 볼것 없다〉에서 우

---

* 〈나의 사랑 나의 신부〉 블루레이에 수록된 코멘터리에서 김형석 평론가, 박중훈과 함께한 이명세는 신혼부부를 주인공으로 삼은 영화 치고 뽀뽀 장면이 드물다는 김형석 평론가의 지적에 자신은 이를 인식하지 못했다고 밝히면서 이와 비슷한 일화로 꺼낸 말이다. 이명세·박중훈·김형석, 〈나의 사랑 나의 신부〉 블루레이 수록 음성해설 참고, 《이명세 컬렉션: 나의 사랑 나의 신부 + 첫사랑》, 한국영상자료원 블루레이 시리즈 36, 2024년 11월.

〈인정사정 볼것 없다〉(이명세, 1999, 태원엔터테인먼트 제작, 시네마서비스 배급)에서 이명세는 장성민이 남자를 살해하는 장면에서, 칼을 휘두르는 것이 아니라 꽃을 선물하는 것처럼 연기하라고 배우에게 디렉팅했다.

형사가 짱구(박상면)를 검거하는 옥상 장면에서도 두 사람 사이에 벌어진 액션을 춤처럼 희화화하여, 바라보는 위치에 따라 비극과 희극이 교차한다는 채플린의 격언을 떠올리게 한다.

말을 잘 못하는 캐릭터는 말할 수 없는 무성영화의 특징을 의인화한 인물처럼 보인다. 말할 수 없음이 이명세의 영화와 무성영화가 공유한 비극의 이유라면, 반대로 실제보다 빠른 속도로 인물의 행동을 처리하는 무성영화의 빠른 흐름은 희극의 이유가 된다. 이명세의 영화는 종종 무성영화의 움직임을 따르거나 코믹한 요소를 차용하는 것으로 비극과 희극을 교차한다. 무성영화는 본질적으로 비극이지만, 그 말할 수 없음과 우스꽝스러운 속도의 이중 운동은 보는 이들에게 희극이 될 수 있다. 이명세는 누구보다 이를 잘 활용했다.

기계화된 배우

이명세는 배우들에게 강도 높은 연기 디렉션을 하는 것으로 유명하다. 그 내용은 혀를 내두를 정도의 정밀함과 모호함을 오간다. 이명세는 정확한 타이밍에 정확한 동작을 하도록 요구한다. MBC 창사 50주년 특별기획 〈타임〉 9화 '이명세 감독의 M'은 이명세 감독이 함께했던 배우들을 찾아가 그들과 나눈 대화를 기록한 다큐멘터리다. 인터뷰이로 출연한 〈인정사정 볼것 없다〉의 장동건은 극 중 수첩에 메모하다가 고개를 드는 장면에서 입꼬리가 몇 센티 올라가야 하는지를 알려 주는 연기 디렉션이 이전까지 연기에 관해 배워 온 철학과 달라 애를 먹었다고 말했다.[11] 〈첫사랑〉에서 영신과 문수(조민기)가 창욱이 머무는 집을 방문한 장면에서 선생님에 대한 궁금증을 대신 풀어 준 문수를 앞에 두고 영신은 민망함과 기대감이 뒤섞여 눈을 깜빡이는데, 이명세는 이때 영신이 눈을 몇 번 깜빡이는지까지 계산했을 거라고 말했다.[12] 감독은 디테일한 연기 주문에 관해 이렇게 해명했다.

"아주 디테일한 부분까지도 주문했습니다. 예를 들어 미소는 어디까지만 지어라, 안경은 손 모양을 어떻게 해서 올려라 등등…. 저의 느낌을 설명하는 것보다 기계처럼 제시해 주는 것이 훨씬 나을 거라는 판단이었습니다. 시간이 흐를수록 연기자들도 제 느낌을 알고 따라와 주었습니다."[13]

물론 배우 강동원처럼 감독의 디렉션을 완벽하게 자기화하는 예외적인 경우도 있었지만, 배우들은 연기의 흐름과 카메라가 요구하는 연기 사이에 내적 갈등을 겪어야 했다. 〈나의 사랑 나의 신부〉의 박중훈은 전화기를 들지 않은 채 전화하는 장면

이명세는 영신 역의 김혜수에게 디테일한 부분까지 연기 디렉션을 주었다. 사진은
〈첫사랑〉(이명세, 1993, 삼호필름 제작) 촬영 현장. 왼쪽부터 김혜수, 손영창, 이명세.

을 촬영해야 했다. 그의 얼굴을 클로즈업한 첫 번째 숏에서 관객이 그가 통화 중이라는 사실을 모르게 하기 위해서였다. 김혜수는 처음에는 감독의 과장된 연기 주문에 당황했지만, 완성된 영화를 보고 나서 의도를 이해할 수 있었다고 밝혔다.[14]

디테일한 연기 주문으로 인한 충돌은 차라리 나은 편에 속할지 모른다. 〈첫사랑〉에서 창욱이 영신에게 자신의 과거를 길게 고백하는 장면에서 배우 송영창과 이명세는 처음으로 부딪쳤다. 오랜만에 긴 독백 대사를 만난 배우는 그 대사가 의미가 있다고 생각해 힘을 주고 싶었지만, 이명세는 그냥 읊을 것을 요구했다. 이 대사는 감독의 실제 이야기가 담긴 대사로, 감독이 고등학교 시절 처음 감독이 되어야겠다고 결심한 이유가 담겨 있었다. 그런데도 이명세는 이 장면에서 그 내용은 중요하지 않다고 판단했다. 결국 이견이 좁혀지지 않자, 두 사람은 "스태프들이 모두 대기한 상태에서 몇 시간 동안 두 사람만 따로 대화의 시간을 가지고 돌아오기도 했다."[15]

이명세의 까다로운 섬세함에 압박을 느끼는 건 배우만이 아니었다. 이명세는 "한 신을 위해 40여 차례나 NG를" 내기도 했으며, "배우들의 옷차림, 억양, 발걸음, 분장, 표정 하나하나까지 완벽함을 요구"했다.[16] 이명세는 스태프들에게도 완벽한 연기를 주문했다. 〈첫사랑〉에서 "영신이 들고 있던 가방의 모서리가 얼마나 낡았는지까지 체크"한 건 약과에 속하고, "70년대 카메라 셔터 소리가 아니라는 이유로 NG"[17]를 부를 정도였다. 벽지에 생활감을 줘야 할 때, 당시 영화에서는 검은 래커로 칠하는 경우가 대부분이지만, 감독은 더 리얼한 느낌을 위해서 벽지에 간장을 뿌리는 시도를 했다. 시간이 지나도 간장 냄새가 빠지지 않아서 여관 장면을 촬영하는 배우와 스태프가 고생했다는 일화[18]는 보이는 것에 대한 이명세의 집착이 어느 정도였는지를 실감하게 만든다.

표현의 리얼리즘

이명세는 한국영화에서 리얼리즘이 대세이던 시절에 그와는 다른 길을 간 감독으로 평가된다. 한국영화에서 리얼리즘은 대개 내용 혹은 주제의 리얼리즘에 한정된다. 한국의 엄혹한 역사에 바탕을 둔 정치적인 색채를 띤 영화만이 리얼리즘영화로 평가되었다. 단지 리얼리즘영화가 주목받는 시대라기보다는, 전반적으로 시대적 고증에 관한 요구가 지금보다 훨씬 강한 시대였다. 오늘날 실제 역사적 사건을 다룰 때 그것이 실제 역사를 제대로 반영했는가가 종종 기준이 되는 것처럼, 리얼리즘영화가 아닌 작품조차 리얼리즘의 맥락에서 비판받기도 했다. 시대를 최대한 생략한 이명세의 작품조차 현실의 맥락을 충실히 반영하지 않았다는 이유로 비판의 대상이 되기도 했다.

이명세는 리얼리즘과 대조되는 환상주의 혹은 반리얼리즘을 추구했다기보다는 다른 방식의 리얼리즘을 실험했다. 그의 리얼리즘은 보이는 것의 리얼리즘이다. 진실한 이미지는 현실의 장소에 존재하는 것이 아니라, 정교하게 지어진 세트 위에 존재한다. 현실을 채집하는 대신, 세트와 더불어 현실을 창조한다. 그의 세트는 보이지 않는 것을 보이게 만드는 주된 매개다. 안개나 연기, 수증기와 같이 특정한 조건 속에서만 나타나는 물질처럼 찰나의 시간을 위해 다량의 노력을 기울여야 하는 영화가 가진 태초의 비효율을 그는 사랑했다. 김수남이 "이명세의 미장센은 반사실주의인 형식주의라기보다 유사현실을 통한 리얼리티의 실천에 있다."[19]고 말한 바 있듯이, 이명세의 세트는 허구를 가리키는 배경이 아니라 리얼리즘의 맥락에서 탈락한 사물들이 제자리를 찾는 사소함의 리얼리즘을 구축한다.

이명세는 정신이나 사상의 리얼리즘이 아니라, 사물이나 물질을 위한 리얼리즘을 그가 구축한 세계 속에서 실험했다. 그 속에서 무성영화는 가장 오래된 형식이자 가장 미래적인 형식으로, 경직된 방식의 리얼리즘에 구멍을 내는 본질로서 새로운 자리를 부여받았다. 경직된 리얼리즘이 그것이 재현하려한 시대 속에 머문다면, 표현의 리얼리즘이라는 가능성은 완료되지 않았다.

2장
〈첫사랑〉은 SF를 꿈꾸는가

"지금 그 사람은 무얼하고 있을까?
작은 내 가슴에 들어와 두근거림을 심어 놓은
그 사람은 무엇을 하고 있을까?"

세트의 시대

"젊음 그 자체라기보다는 그 젊음 한순간 속에 녹아 있는 여러 감정들이 소중한 것이지요. 사랑에 빠져 있을 때를 기억해 보십시오. 시와 전혀 무관한 사람이 밤새 시를 쓰기도 하고 철학자가 되고 마라톤 선수처럼 달리기도 합니다. 그뿐입니까? 폐병 걸린 소녀처럼 창백해지기도 하고 심장병 환자처럼 두근거리기도 하고 비관론자가 되는가 하면 어느 순간 세상이 '원더풀 월드'가 되기도 합니다. 인간의 온갖 백팔번뇌가 이 첫사랑 속에 숨어 있습니다. 시기하고, 질투하고, 그리워하고, 열병 앓고 … 가장 짧은 순간의 집약적인 이색 경험인 셈입니다."[20]

이명세 감독은 꿈에서 '시간의 비밀'이라는 단어를 본 뒤 〈첫사랑〉을 만들었다.* 감독은 '시간의 비밀'에 담긴 의미를 '영원이 깃든 순간'이라고 풀이했다. 〈첫사랑〉에서 다루는 사랑은

---

* "그 당시에 누군가가 내게 '시간의 비밀'이란 말을 직접 써 주는 꿈을 꾸었어요. 그 꿈을 꾸고 나니 첫사랑이란 예전의 감정을 못 잊어 하는 기억의 문제가 아니라 시간의 문제라는 깨달음이 생긴 거야. (중략) 내게 첫사랑은 지나간 시간 속에서 생각해 볼 때 비로소 소중해지는 것이야. (후략)." 이동진, 《이동진의 부메랑 인터뷰 그 영화의 시간 (박찬욱 최동훈 이명세)》, 위즈덤하우스, 2014, 504~505쪽.

대상 a에 대한 사랑이기보다 사랑 그 자체, 혹은 사랑했던 시간에 대한 사랑이다. 그것이 영화가 당대인 90년대가 아니라, 20년 전 과거로 돌아간 이유일 것이다. 하지만 이명세는 70년대를 경험한 세대가 아닌, 70년대를 충분히 경험하지 못한 젊은 관객을 염두에 두고 이 작품을 만들었다. 훗날 일본에서 〈첫사랑〉이 상영되었을 때, 나이 든 관객의 뜨거운 반응을 접하면서 자신의 영화가 실패했던 이유를 뒤늦게 깨달았다고 이명세는 여러 자리에서 밝혔다.

〈첫사랑〉은 70년대를 배경으로 삼지만, 그 시대를 세트 안에 압축하면서 시간의 스펙트럼을 펼친다. 시간을 늘리고 줄이는 기법을 통해 시간 자체를 인식하게 하면서 무성영화적이거나 만화적인 기법들을 현대 영화의 맥락에 끌어온다. 오늘날에도 '첫사랑 이미지'라는 단어가 청량한 여성 배우를 가리키는 말로 통용된다는 사실을 염두에 두면, 당시 누군가를 사랑하는 씩씩한 캐릭터의 존재가 지닌 파격을 짐작할 수 있다. 〈첫사랑〉의 흥행 실패는 이 영화가 관객에게 받아들여지기까지 시간이 필요했음을 의미한다. 당시의 평단은 〈첫사랑〉에 관해 당혹스러움을 나타냈으나, 그해 영화잡지 《스크린》에서 진행한 연말 결산에서 올해의 영화 2위에 〈첫사랑〉이, 올해의 감독 2위에 이명세가, 올해의 여자 배우 3위에 김혜수가 이름을 올리며 아쉬움을 덜었다.* 이후에도 〈첫사랑〉은 오랫동안 사람들의 입에 오르내리며 시간의 영화임을 증명했다.

왜 1970년대인가

〈첫사랑〉의 배경은 1970년대다. 이명세는 1970년대를 배경으로 삼은 이유에 관해 "영화를 편하게 보는 하나의 방식이다. 낯익은 풍경을 보면 마음이 편안해지듯, 관객에게 긴장을 풀고 내 얘기를 들어보라고 말하는 일종의 서비스"[21]라고 말했다. 조선희가 이 영화의 시대적 배경은 "역사적·사회적 배경으로서가 아닌 문화적인 배경으로서 1970년대"[22]라고 지적했듯, 영화 속에 70년대를 보여 주는 지표들은 정치·사회적 측면보다 생활문화적인 측면에서 두드러진다.

영화의 삽입곡은 주로 70년대에 유행하던 포크송으로 꾸려졌다. 송창식의 〈맨 처음 고백〉은 1976년에, 이장희의 〈그 애와 나랑은〉을 비롯해 송창식의 〈석별의 정〉, 바블껌의 〈연가〉, 윤형주의 〈우리들의 이야기〉 등의 번안곡은 1972년에 발표된

---

*   그해 1위에 오른 작품은 당시 기준 한국영화 사상 최다 관객 수를 기록한 임권택의 〈서편제〉로, 1위와 2위 작품이 선명한 대조를 이뤘다. 〈'93년 영화계 총결산〉, 《스크린》, 118호, 1993년 12월.

곡이다. 배우들의 입에서는 그레고리 펙Gregory Peck이나 장 폴 벨몽도Jean-Paul Belmondo 같은 오래된 배우들의 이름이 오르내리고, 텔레비전에는 옛날 코미디언들의 개그 프로그램이나 〈애수Waterloo Bridge〉(마빈 르로이, 1940) 같은 추억의 명화가 방영된다. 영신의 집 거실에는 흑백텔레비전이 놓여 있고,* 난방을 위해 연탄을 때던 시절이라 집에서도 마스크를 쓴 모습이 영신의 어머니(안해숙)를 통해 연출된다.

반면 개인의 삶에 녹아든 정치적인 지표들은 빠져 있다. 정치적 맥락이 탈각된 점은 〈첫사랑〉이 비판받은 주된 이유 중 하나다. 영화가 배경으로 삼은 1970년대는 유신정권 시기였기에 비판이 더욱 거셌다. 김종원은 "70년대 유신 말기의 정치적 상황을 애써 외면하고 탈색된 시대적 상태 속에서 스토리를 부각시키고자 하는 이 작품의 외모는 이 감독이 갖고 있는 센티멘탈리즘의 필연적인 결과이자 한계"[23]라고 말하며, 정치적 맥락이 제거된 이유를 감상주의에서 찾았다. 정성일 역시 비판적인 견지에 있지만, 영화의 감상주의에 관한 시선은 김종원과 달랐다.

---

* 한국에 컬러TV가 상용화된 것은 1980년 12월 1일이라고 기록되어 있다. 〈대한민국이 '색'을 입은 그날〉 대한민국 역사박물관 소식지 VOL.35 참조. https://www.much.go.kr/webzine/vol35/sub/sub1.html

"놀랄 만큼 완전히 제거된 70년대적인 요소들—베트남 전쟁, 위문 엽서 보내기, 유신정권, 곳곳에 붙어 있어야 될 박정희 대통령의 사진 등—은 우리에게 향수를 불러일으킬 수 있는 끈들을 의도적으로 자르면서, 우리를 불특정한 시간과 불특정한 공간—이 감독 자신의 언어를 빌자면 보편적 언어 속으로 이끌고 갑니다."[24]

정성일은 이명세가 정치적 맥락을 제거하고 세트임이 분명한 불특정한 공간으로 영화를 마무리하면서 관객에게 향수를 전달하는 것조차 실패했다고 지적했다. 이명세는 70년대 정치적인 상황을 외면한 이유에 관해, 이야기를 오랫동안 살아남게 하기 위한 의도라고 말했다.

"나의 얘기를 하는 데 있어 시간과 역사적 상황을 가능하면 배제시킵니다. 내가 욕심이 큰지 모르지만, 그럼으로써 100년이 지나더라도 살아 움직이는 얘기로서 남아 있길 원합니다."[25]

영화에서 구체적인 시대를 드러내지 않고, 시간을 생략하는 방식은 이후 그의 영화가 공유하는 하나의 조건이 되었다. 이명세는 "영화 속에서 달력을 보여 주지 않거나, 〈지독한 사랑〉에서처럼 달력을 찢어 겨울 배경에 여름 달력을 걸어 두기도"[26] 한다. 영화 속에 "오늘이 며칠이지?"*라는 대사는 있어도, 올해가 몇 년도인지에 관한 대화는 없다.

〈첫사랑〉이 70년대를 다루는 방식에 대한 비판은 있었지만, 적어도 이 영화가 70년대를 배경으로 삼았다는 사실을 모르는 관객은 없었던 것 같다. 하지만 오늘날 관객에게는 70년대를 배경으로 삼았다는 사실조차 흐릿하게 인식될 수 있다. 영화가 보여 주는 시간대는 '과거'로 뭉뚱그려 인식될 뿐, 정확히 얼마나 먼 과거인지를 판단할 근거가 희미해졌기 때문이다. 게다가 영화의 배경이 시골인지 도시인지에 따라 같은 시대라도 다른 풍경을 지닌다는 사실 역시 영화의 시대적 배경에 관한 판단을 유보하게 되는 이유다. 시대가 빠르게 변화하고 기억력이 퇴화하는 오늘날, 영상물에서 과거는 자막으로 표기되는 약속된 시간대의 의미를 지니며, 굵직한 역사적 사건에 대한 언급이나 환기 없이 70년대를 인식하는 것은 점점 더 어려워지고 있다.

한편, 영화가 과거를 배경으로 삼고 있다고 해도 만들 당시의 시대상이 반영되기 마련이다. 70년대를 배경으로 삼은 〈첫사랑〉 역시 완벽한 세트를 구현했음에도 영화를 만들 당시인 90년대가 반영되기 마련이다. 영화에 삽입된 시들은 70년대

---

* 〈첫사랑〉에서 영신이 문수에게, 〈M〉에서 미미가 민우에게 오늘이 며칠이냐고 묻는다.

라는 시대적 배경을 넘어 여러 시간대를 오간다. 영신이 카페에서 창욱을 하염없이 기다리는 장면에 삽입된 시는 90년대에 발표된 황지우의 〈너를 기다리며〉다. 김춘수의 〈꽃〉은 1952년도에 발표되었으며, 마지막에 삽입된 정현종의 〈기억제〉는 1974년에 발표된 시다. 영화에 삽입된 시들이 시간대를 오가는 이유는, 시가 그것이 쓰인 특정한 시대에만 머무는 것이 아니라 시대를 뛰어넘어 영속하는 가치를 노래하기 때문이다. 〈첫사랑〉 시나리오 첫머리에 적힌 전체 영화상의 목표에는 "시를 보여 주자"라는 말이 첫머리에 적혀 있다.**

"난 영화란 무엇인가, 왜 영화를 만드는가, 어떻게 왜 무엇을 전달할 것인가를 고민합니다. 동시에 나는 장편영화의 시대가 끝나고 단편의 시대가 왔다고 생각합니다. 물론 시를 넣은 것은 70년대의 정서를 담고자 하는 이유도 있었지만, 또 한편으로는 사람들이 시를 좀 읽었으면 좋겠다는 생각을 하기 때문이었어요. 내 영화를 보고서 다른 것은 다 놓치더라도 그 시 한 편이라도 새기고 갔으면 좋겠다는 생각을 합니다."27

** 전체 영화상의 목표에는 시를 보여 주자는 것 외에 "원색적인 그림을 통해 환상적인 느낌을 갖도록 하자, 만화영화처럼/누구나 한번은 가졌던 첫사랑의 감정을 표현하자/디테일에 승부를 … 섬세함을 최대한 살린" 등의 내용이 적혀 있다.

〈첫사랑〉의 트리트먼트 '봄 분위기로 바뀌어진 '첫사랑' 시나리오'

CKN 011955-0.1

봄 분위기로 바뀌어진 '첫사랑' 시나리오

전체적인 영화상의 목표
— 시를 보여주자
— 한편의 짧고 정겹한 단편소설을 보여주어야 할것.
— 원색적인 그림을 통해 환상적인 느낌을 갖도록하자.만화 영화처럼
— 누구나다 한번은 가졌던 첫사랑의 감정을 표현하자
— 디테일에 승부를 ... 섬세함을 최대한 살린

s# 1	타이틀 백

＊꽃무늬가 그려진 예쁜일기장의 겉장이 넘어가면서 '첫사랑'이라는 메인 타이틀
── 나레이션 : 엄마의 잔소리, 교복, 단발, 도시락, 시험... 이제는 이모든것과의 안녕!!!!
＊나레이션이 끝나면서 '우리들의이야기'(윤형주) 시작
＊70년대 풍경들이 몽롱처럼 띠오르고 credit title

s# 2	한적한 시골역

목표 : 꿈처럼 정겹고 아련한
＊정지된 화면의 역전경 에서 서서히 색깔을 머금는다.완연한 봄이다
  (산위에 걸린 구름,원색으로 페인트된 나무화단,개나리,햇살...
＊카메라 역무실에서 역대합실로 이동하면 누군가를 기다리는 한소녀(영신)
가슴에 대학뱃지가 싱그럽게느껴지는 영신과 너그럽고 자상하게 보이는 역무원
과의 대화가 이어진다.
《 대화 내용:
  아버지의 안부,'
대학생활에 대한 이야기,영신이 연극반이라는 것을 알고 자기도 한때는 연극을
무척 좋아했음을 보여주는 몸짓 또는 로맨틱한 연극속의 대사 한마디(신파극?)
읊조리는 역무원
기차올 시간이 됐음을 알리는 신호에 초조해하는 영신(같이갈 선배언니가 나타나지
않으므로)
역무원의 노래 》
영신의대사 : 또박또박 바르지않게

s# 3	역앞

＊흐르는것들 높푸른 하늘 ,구름의 묘사
부감으로 들어오는 영신, 하늘 쳐다보며
이때 문수 허겁지겁 달려온다 (영신에게 전해줄 빈 달걀과 우윳병을 들고)
《 문수에 대한 영신의 감정을 나레이션으로 :
국민학교 동창인 문수가 요즈음 영신을 대하는 태도가 변했다는 ....》

※ 이영세 기증 자료

전체적인 영화상의 목표 중 첫 번째가 '시를 보여 주자'이다.

이명세는 시를 넣은 이유에 관해 시를 읽히려는 의도라고 밝혔는데, 여기에 단편의 시대에 대한 예감이 덧붙은 부분에 눈길이 간다. 1970년대의 정치사회상을 기준으로 영화가 시대를 그리는 방식을 평가하면, 영화를 결핍이나 결여로 인식할 수밖에 없다. 반면, 문화상을 기준으로 삼을 때 그것은 개입이나 생성으로 풀이될 수 있다. 영화가 만들어질 당시인 90년대는 문화의 부흥기였고, 〈첫사랑〉은 이러한 당대의 맥락을 문화가 가장 억압받던 시대 속에 풀어 보는 작업이라 정의할 수 있다.

영신이 사랑하는 대상은 강창욱이라는 개인만이 아니라, 사랑했던 사람에게 덧붙은 시대의 기억과 누군가를 사랑했던 내가 존재하는 시간일 수 있다. 이명세는 창욱에 대한 영신의 감정에 관해 "멋진 모습만이 아니라, 지저분한 모습에도 끌리는, 70년대의 낭만적인 세태나 퇴폐적인 것에 끌리는 느낌을 표현하고 싶었다"[28]라고 설명했다. 이명세의 표현대로 '지저분하고, 짓궂은 퇴폐적인 느낌'은 이명세가 정의하는 70년대이자, 70년대의 현현으로서 창욱이 지닌 단면이다.

70퍼센트의 세트

〈첫사랑〉은 전체 촬영 회차 중 70퍼센트 이상을 세트에서 촬영한 작품이다. 영화가 발표될 당시만 해도 세트에 대한 의존도가 이 정도로 높은 경우는 드물었다.* 대략 6개월에 걸친 촬영 기간 중 세트를 12번 지었고, 세트 제작비만도 1억 5천만 원이 투입된 대규모 작업이었다.[29] 세트촬영은 "빛을 자유자재로 조절할 수 있고 장치물의 색을 원하는 대로 변화시킬 수 있을뿐더러 상상하는 범위까지 표현 가능한"[30] 장점이 있다. 이명세는 세트촬영이 필요했던 이유가 촬영 조건의 열악함 때문이었다고 말했다.

> "내가 세트를 선호하는 이유는 우리나라 촬영 조건이 실제의 장소, 더구나 사람들이 오가는 장소에서는 도저히 촬영을 할 수 없는 조건이기 때문이기도 합니다. 그리고 나는 모든 것이 창조되어야 하는 것이라고 생각해요."[31]

〈첫사랑〉의 대표적 상징물인 골목길은 원래 로케이션 캐스팅을 고려했었다. 이명세는 "실제 골목길 로케이션을 위해 군산까지 갔지만, 한쪽이 시대 배경에 적합하다면 다른 쪽은 아니어서 입체적으로 담아내기가 쉽지 않았다"라고 말했다. 제작비 측면에서도 "세트 제작비와 로케이션 체류비를 계산했을

---

* 이후, 이명세는 100퍼센트 세트 영화인 〈형사 Duelist〉를 찍었다.

때, 그 차이가 100만 원 정도에 불과해" 세트를 짓는 방향으로 결정되었다.[32]

당시로는 불가피한 선택이었지만, '영화의 형식이 된 세트'**는 70년대를 드러내는 중요한 장치다. 영신의 집 골목길을 비롯해 영신이 창욱을 기다리던 다방, 연극반의 연극무대, 공원 등이 모두 세트였다. 특히 골목길은 계절변화를 드러내는 장소였기 때문에 선명한 시간변화를 표현하기 위해 세심한 작업이 필요했다. 특히 눈이 쌓인 겨울 풍경을 찍기 위해 20가마 분량의 소금과 한 트럭분의 솜, 눈 효과를 내는 분사기 다섯 박스 등이 소요되었다.[33]

〈첫사랑〉의 세트를 두고 '70년대를 잘 구현했다'라는 설명은 어딘가 부족하다. 그보다는 '세트가 곧 70년대'라는 표현이 더 적절하다. 세트가 무언가를 재현한다기보다는, 세트 자체가 시간을 드러내는 구조물처럼 보이기 때문이다. 세트는 적절한 로케이션을 찾기 힘든 조건 속에서 감독의 비전을 완벽하게 추구하기 위한 바탕이지만, 〈첫사랑〉에서 그것은 장소가 더는 존재하지 않는다는 사실을 드러내는 매개처럼 보인다. 세트라는 허구의 형식은 '가짜'임을 드러내는 것이 아니라, '더는 존재하

** 이명세는 '세트로 들어오면서 그것이 형식이 된 것 같다'라고 말했다. 이명세·이동진, 〈첫사랑〉 블루레이 수록 음성해설 참고, 《이명세 컬렉션: 나의 사랑 나의 신부 + 첫사랑》, 한국영상자료원 블루레이 시리즈 36, 2024년 11월.

〈첫사랑〉 세트 조감도

※ 이명세 기증 자료

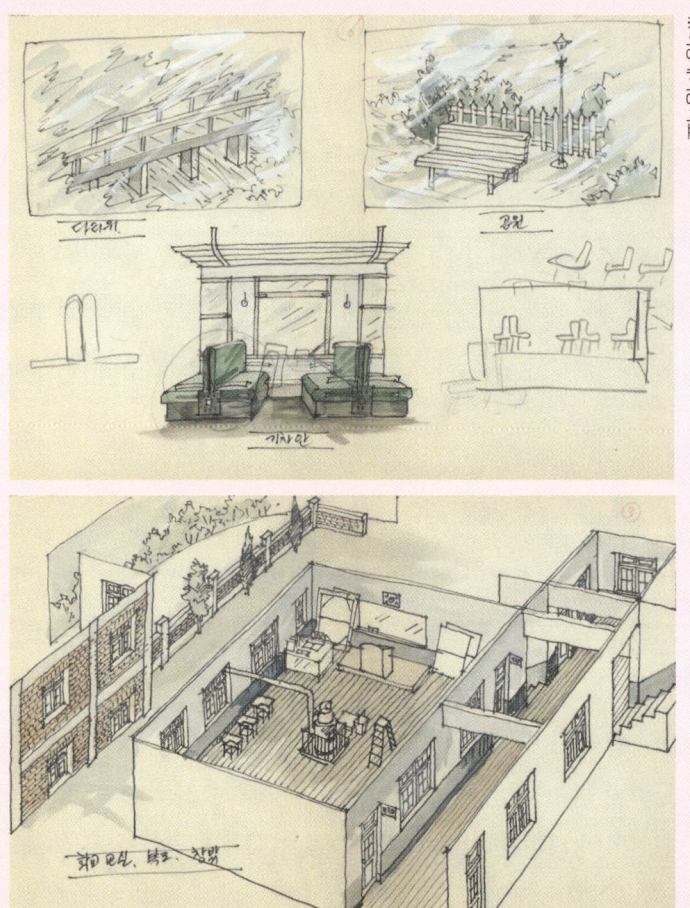

다리, 공원, 기차 안과 학교. 그림은 모두 이명세 감독이 직접 그렸다.

영신의 집 단면도

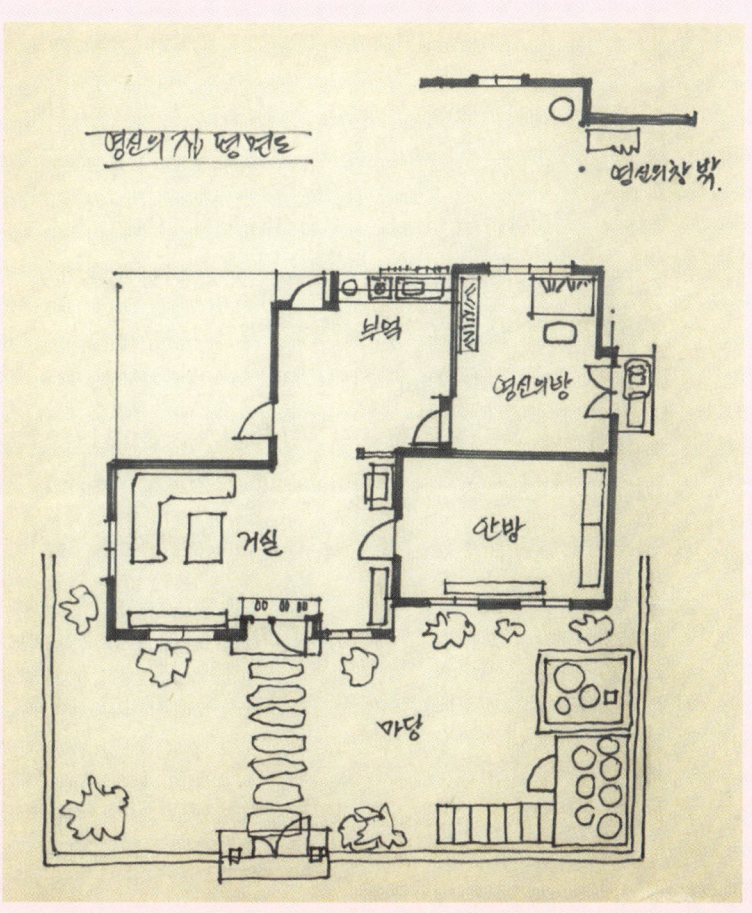

영신의 집 평면도

영신의 창 밖.

부엌

영신의방

거실

안방

마당

※ 이명세 기증 자료

지 않음'이라는 현실의 맥락을 환기한다. 그러므로 가공의 세트는 관객에게 향수의 가능성을 차단하는 것이 아니라, 존재하지 않는 것을 잃어버리는 재정립된 향수의 시대에 적합한 향수를 제공한다.*

이명세가 자신과 함께한 배우들을 인터뷰하는 TV 다큐멘터리 〈타임〉에서 이명세는 "펠리니는 인생이 세트 안에 존재한다 믿었고 인생이 예술이 되는 그 순간의 매직을 찬미했다"[34]라는 자막을 삽입하면서, 세트 영화를 추구한 바탕에 존재했던 펠리니의 영향을 드러냈다. 페데리코 펠리니가 문화적인 기반이라면, 현실의 맥락에서 세트는 실제 공간과 장소의 사라짐과 관련된다. 특히 1988년 서울올림픽 전후로 불어닥친 재개발의 여파와도 무관하지 않다. 〈첫사랑〉은 문화적 배경으로 70년대를 되살리면서 물리적 공간의 복구 대신 기억 속 재건을 의도한 작품이다.

〈M〉에 이르러 이명세는 세트 제작을 넘어 실제 로케이션의 세트화로 나아간다. 거리는 거울에 반사된 이미지이고, 거울은 일종의 문이며, 문을 열고 나오듯 배우가 거울을 빠져나온다. 언뜻 복잡한 구조처럼 보이지만, 세트의 구조를 생각하면

---

* 웨스 앤더슨의 〈그랜드 부다페스트 호텔〉에 관한 이동진의 한 줄 평, "지나온 적 없는 어제의 세계들에 대한 근원적 노스탤지어"라는 표현은 〈첫사랑〉에도 적절한 평처럼 느껴진다.

단순해진다. 실제라면 물리적으로 양립할 수 없는 공간이 세트의 구조 안에서는 얼마든지 맞붙을 수 있다. 세트의 지리 체계를 인용하듯, 실제의 거리는 횟집, 골목, 루팡바 등 전혀 다른 공간으로 이어진다. 이것은 보통 꿈의 세계를 재현한 결과라고 말해지지만, 근본적으로는 세트 아닌 곳에서 세트를 만들고 있음을 드러낸다.

시대에서 시간으로
: 시간을 위한 기법들

시대를 드러내는 지표들이 생략된 자리는 시간을 표현하는 흔적들로 채워진다. 〈첫사랑〉은 시간을 늘리고 줄이는 기법으로 시간을 인식하게 만든다. 맨눈으로 포착하기 어려운 인물의 동작을 느린 속도로 찬찬히 보게 하는 슬로모션, 인물의 동작을 실제보다 빠른 속도로 보여 주어 기계로 찍힌 화면임을 인식하게 하는 패스트모션 기법 등이 시간의 속도를 조종하는 것과 관계된다면, 사진영화의 가능성을 보여 주는 스틸 이미지 연사 기법, 벽에 비친 인물의 실루엣 그림자를 통한 장면 전환 기법을 활용해 현재와의 거리를 형성한다.

시간의 클로즈업

슬로모션은 인물의 동작을 느린 속도로 보여 주면서 순간을 늘이는 기법이다. '시간적 클로즈업'이라는 지크프리트 크라카우어Siegfried Kracauer의 적절한 표현처럼,[35] 〈첫사랑〉에서 슬로모션은 별 의미가 없는 순간을 눈여겨보게 한다. 연극무대 준비가 한창인 강당에서 '누구 페인트 좀 가져올 사람!'이라는 창욱의 부름에 단번에 '네!' 하고 서두르던 영신이 발을 헛디디면서 페인트와 함께 단상 아래로 떨어진다. 이때 문수가 몸을 던져 분홍색 페인트를 받으려다가 놓치고, 그 위로 떨어진 영신의 몸이 뒤엉키면서 일련의 과정이 슬로모션으로 처리된다. 액션 장면에서 슬로모션은 대개 비장미를 강조하거나 패러디하는 용도로 쓰이곤 한다. 〈첫사랑〉의 슬로모션은 둘 중 어디에도 속하지 않는다. 창욱을 짝사랑하는 영신과 그런 영신을 짝사랑하는 문수의 몸이 일시적으로 겹친 순간은 서로를 마주볼 수 없는 두 짝사랑의 겹침이기도 하다. 그때는 알지 못했던 잃어버린 사소한 순간에 대한 그리움이 이 장면에 깃든다.

슬로모션이 사용된 또 다른 장면은, 영신과 미숙이 기차 안에서 사이다를 종이컵에 따르는 장면이다. 종이컵에 사이다를 따를 때 생기는 기포와 소리를 클로즈업해서 보여 주는 장면은 크쥐시토프 키에슬로프스키Krzysztof Kieślowski의 〈세 가지 색: 블루Trois Couleurs: Bleu〉(1993)에서 커피잔에 설탕이 녹는 장면을 클로즈업하면서 시간을 보여 준 사례와 비교할 수 있다.* 사이다의 기포와 뜨거운 커피 속 설탕은 하나의 대상이자 시간의 증거물이다. 이에 대한 클로즈업은 대상의 클로즈업만이 아니라 시간의 클로즈업이다.

　슬로모션과 대척점에 놓인 기법은 인물의 동작을 실제보다 빠른 속도로 보여 주는 패스트모션 장면이다. 별 의미 없는 순간을 포착한 슬로모션처럼 패스트모션 역시 별다른 목적 없이 쓰인다. 영신이 아침에 일어나 집 마당에서 양치질하고 은색 대야에 물을 받아 세수하는 장면이 빠른 속도로 처리된다. 이는 바쁜 아침 시간을 과장해서 드러내는 전형적인 방식이기도 하다. 자전거를 타고 가던 영신이 맞은편에서 오는 경운기를 피하려다가 기우뚱하는 모습도 빠른 화면으로 처리된다. 인물의 동작을 빠른 호흡으로 처리하는 짧은 소동극은 무성영화 시기 코미디의 용법을 연상시킨다. 빠름과 느림을 오가는 속도 속에서 시간에 붙들린 존재를 인식하게 한다.

---

* 〈첫사랑〉에도 이에 대응할 만한 커피에 설탕을 넣는 장면이 등장한다. 문수와 영신이 다방에서 대화하는 장면에서 문수는 스푼으로 설탕을 덜어 커피에 넣는다. 이명세는 김혜수와 함께한 〈첫사랑〉 블루레이 코멘터리에서 '커피에 설탕을 더는 장면을 하도 연습해서 커피가 딱딱하게 굳어 버린 것'이라고 설명했다(이명세·김혜수, 〈첫사랑〉 블루레이 수록 음성해설, 《이명세 컬렉션: 나의 사랑 나의 신부 + 첫사랑》, 한국영상자료원 블루레이 시리즈 36, 2024년 11월). 〈세 가지 색: 블루〉가 영화 내부에서 시간을 드러냈다면, 〈첫사랑〉에서 커피에 설탕을 더는 장면은 영화 촬영의 맥락 속에서 시간의 흐름을 증명하는 셈이다.

스틸 이미지와 그림자

창욱은 영신과 처음 만난 술자리에서 머리가 가려운 듯 머리카락을 털어 낸다. 영신이 속으로 혀를 차며 한심하게 바라보자, 창욱은 영신을 향해 멋쩍은 듯 웃어 보인다. 영신이 자신의 등 뒤를 비추던 카메라 쪽으로 얼굴을 돌린 채 찡그리는 순간, 화면은 별안간 정지된다. 이후 창욱과 술자리 장면은 연사 효과를 발휘하는 스틸 이미지의 몽타주로 처리된다.

이명세는 포토몽타주 방식을 종종 활용해 왔다. 조연출로 참여한 〈기쁜 우리 젊은 날〉의 예고편을 사진 몇 장으로 연출한 경험은 바탕 삼아, 〈나의 사랑 나의 신부〉 속 두 주인공의 성장에서 결혼식까지의 과정을 사진 이미지의 연속으로 표현했다. 〈나의 사랑 나의 신부〉 속 집들이 장면에서 미영이 영민의 상사들 앞에서 노래를 부르다가 목소리가 뒤집히는 순간과 그 이후에 벌어진 당황스러운 상황을 포토몽타주로 유머러스하게 처리하는가 하면, 〈M〉에서 미미와 민우가 루팡바에서 재회하는 장면을 스틸 이미지의 연속으로 보여 주며 여운을 담았다.

포토몽타주 기법은 그 쓰임에 따라 대조적인 효과를 발휘한다. 만화 같은 유머러스한 분위기를 연출할 수 있는 한편, 이미 과거가 되어 버린 시간에 대한 애상을 표현하는 데도 유용하다. 스틸 이미지의 연사는 시간을 조각내는 동시에 시간을 포착하려는 움직임을 드러내면서, 붙잡을 수 없는 시간을 보여 준다. 이명세는 스틸 이미지를 사용하는 이유에 관해 자신의 영화가 시간을 중요하게 다루기 때문이라고 말했다.

"난 이야기를 전달하는 게 너무 싫어. 아직도 관객들에게 대사를 통해 뭔가를 전달하고 싶다는 생각이 없어. 내가 쓴 그런 표현 방식에는 말하자면 우연적 필연이라고 할 수 있는 부분도 있었어. 〈M〉을 촬영하던 초반에는 이연희의 좀 딱딱한 연기를 일부러 이용한 측면도 있었거든. 사진만이 줄 수 있는 느낌도 중요했지. 지나가 버린 과거는 종종 한 장의 스틸과도 같은 추억으로 남고는 하잖아? 내 영화에서는 시간의 문제가 중요하기에 그런 표현법을 애용하게 되는 것 같아."[36]

〈첫사랑〉의 포토몽타주는 음향효과를 적극적으로 활용한 점이 특징이다. 영신과 창욱이 동시에 고기를 집다가 젓가락이 부딪히는 순간, '챙, 챙, 챙' 하고 쇠끼리 부딪히는 음향효과와 함께 젓가락 펜싱 장면으로 연결된다. 만화의 컷 구성을 연상시키는 생략법이 음향효과와 어우러지면서, 무성영화가 주는 아련함까지 가져간다.

이미지가 그림자로 전환되는 장면 역시 사진 몽타주와 비슷한 효과를 낸다. 영신과 미숙이 창욱과 함께한 술자리 장면은 그림자로 전환되어 마무리된다. 창욱이 고개를 젖히고 웃음

〈첫사랑〉 콘티 중 선술집 장면

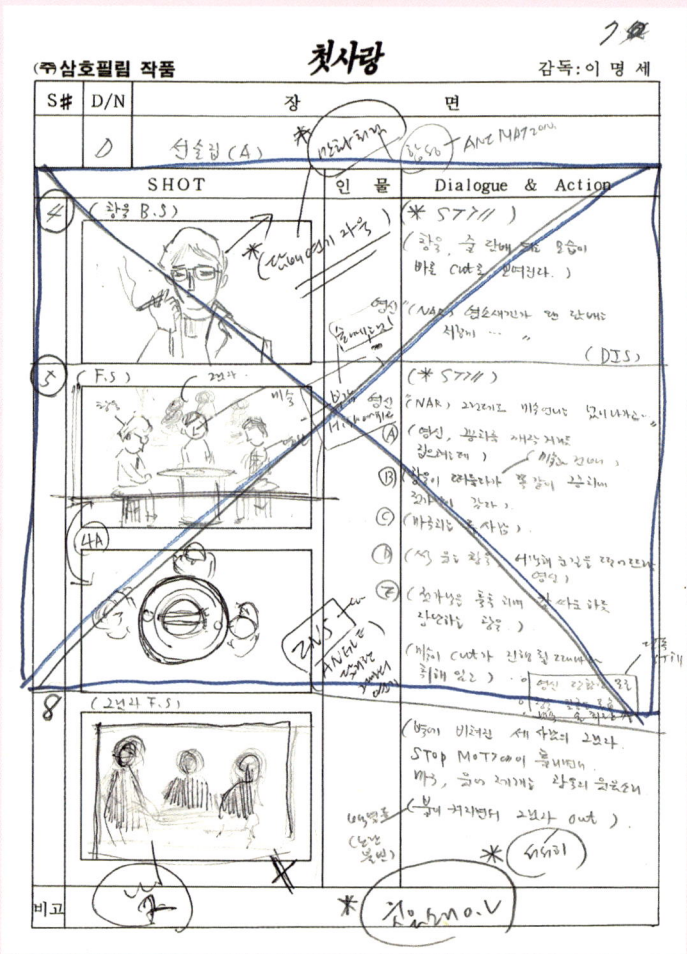

포토몽타주로 표현되는 부분에 대해 '만화처럼'이라는 설명이 적혀 있다.

을 터뜨리는 장면을 그림자 화면으로 처리하면서 기억에 보존된 사소한 순간이 주는 애상을 표면화한다. 이미지를 사운드와 분리한 뒤 재통합하는 것만으로 아무렇지 않게 넘길 법한 사소한 장면에 방점이 찍힌다.

앞선 사례가 포토몽타주를 유머러스한 기법으로 활용한 경우라면, 〈첫사랑〉의 종결부에 등장한 포토몽타주는 아련한 감정을 불러오는 사진 이미지 본연의 성격이 그대로 묻어난다. 연극반 송별회 자리에서 영신이 문수와 뒤엉켜 넘어지는 장면에서 카메라 플래시가 터지는 것을 신호로 스틸 이미지로 전환된 화면은, 〈석별의 정〉을 함께 부르는 연극반 사람들의 노랫소리를 배경 삼아 지나간 시간과 헤어짐의 애상을 강화한다. 〈첫사랑〉에서 향수를 불러일으키는 대상은 70년대라는 거대한 시간의 덩어리가 아니라, 시시각각 과거가 되는 순간들이다.

시선의 주인이
된다는 것

관계의 측면에서 짝사랑하는 사람은 사랑을 받는 사람보다 약자이지만, 시선의 측면에서 짝사랑하는 캐릭터는 약자가 아니다. 〈첫사랑〉에서 주인공 영신은 짝사랑하기에 시선의 주인이 된다. 영화는 창욱에게 사랑의 감정을 느끼게 된 영신의 시선에서만 진행된다. 창욱의 생각이나 감정의 실체는 끝까지 모호하게 처리된다. 이는 오리지널 시나리오와 달라진 부분이다. 오리지널 시나리오에서 창욱은 영신에게 자신의 마음을 고백한다. 그는 이미 혼인했음을 밝힘과 동시에 현재 부부 생활이 위기에 처했다고 말한다. 이에 더해 영신에 대한 자신의 애정을 고백하며 키스한다.[37] 본편에서 창욱은 혼인했다는 사실을 밝히지도, 영신에 대한 마음을 고백하지도 않는다. 다만, 창욱은 안개 낀 공원 벤치에서 영신에게 자신이 살아온 과거를 들려준다. 오리지널 시나리오의 이 대사는 사랑을 털어놓는 맥락 속에 존재하며, 그 의도가 비교적 명확했다. 반면, 본편에서 창욱이 영신에게 입을 맞추는 의도는 모호하다. 창욱이 영신의 데이트 신청에 응하지 않고, "미안하다"라는 말로 에둘러 거절의 의사를 표시한 직후이기 때문이다. 하지만 본편에서 모호해진 부분이 영화의 결점인 것은 아니다. 영신의 상황과 관점으로 진행되는 영화라는 사실을 고려할 때, 서사상의 점프가 오히려 사실에 가까운 묘사라고 여겨진다. 서사상의 혼란스러움은 영신의 혼란스러운 심리 상태와 맥이 닿는다.

영신은 자신을 3인칭으로 객관화시켜서 자신과 대화("영신아, 실망했지?")를 나누는 데서 나아가 종종 카메라를 마주 보거나 카메라에 대고 이야기한다. 마당에서 세수하던 영신은 어머니가 "너 요즘 담배 피우니?"라며 의심하자, 황당하다는 표정을 지으면서 카메라를 바라본다. 그와 함께 마치 연극 속 대사를 하는 것처럼 카메라에 대고 이야기를 시작한다. ("저희 엄마는 늘 이런 식입니다….") 〈첫사랑〉뿐만 아니라 〈나의 사랑 나의 신부〉의 첫 장면에서 벤치에서 담배를 피우던 영민이 카메라와 눈을 마주치고는 "안녕하세요. 제 이름은 김영민입니다."라며 자기소개를 하는 등, 이명세의 영화에서는 배우가 카메라를 정면으로 바라보면서 이야기하는 장면이 종종 등장한다.

연극으로 치면 방백에 해당하는 이러한 장면은 브레히트의 거리두기 이론을 떠올리게 한다. 브레히트의 서사극에서 극 안에 있던 배우는 극 바깥으로 빠져나와 관객에게 직접 말을 걸면서, 관객이 연출자의 의도에 따라 짜인 서사를 그대로 수용하는 방식에서 벗어나 능동적으로 생각하게끔 유도한다. 이명세의 영화 속 배우가 카메라에 대고 말을 거는 장면 역시 소격효과의 맥락에서 이야기되기도 한다. 이명세는 〈첫사랑〉에서 영신이 카메라를 바라보며 이야기하는 장면을 소격효과에 견주는 데 대한 불만을 꾸준히 드러내 왔다.

"흔히 카메라를 바라보면 소격효과가 생긴다고 기계적으로 말하지만, 그것은 잘못된 이화론異化論이라고 봐. 그게 흔히 말하듯 '당신은 지금 실제 이야기가 아니라 영화를 보고 있을 뿐입니다'라는 사실을 일깨워 주는 것이란 말이야? 오히려 그건 '당신은 나와 함께 있습니다'라고 최면을 거는 강력한 동화론이 아닐까? 난 그런 구도를 통해 관객에게 직접 호소하는 느낌을 주고 싶었던 거야."[38]

이명세의 영화 속 배우들의 말 걸기와 브레히트 서사극 속 배우들의 말 걸기는 표면적 맥락은 비슷할지 모르지만, 그 효과에는 분명한 차이가 있다. 소격효과는 영화 혹은 연극에서 관객이 전개되는 이야기에 충분히 몰입함을 전제로 한다. 반면, 이명세의 〈첫사랑〉은 관객의 몰입을 전제로 단선적으로 전개되는 이야기가 아니다. 〈첫사랑〉은 형식적 측면에서 이미 조각나 있기에 배우가 카메라를 정면으로 바라보는 방식은 전체 영화의 흐름과 부합하는 것일 수 있다. 이명세는 이화론을 거부하며 관객이 배우의 시선에 동화됨을 뜻하는 '동화론'을 제기한다. 여기에서 '동화'는 내러티브 영화가 요구하는 몰입과는 다르다. 이야기에 몰입하는 것과 캐릭터 혹은 캐릭터를 연기하는 배우에게 몰입하는 것은 구분되어야 하며, 〈첫사랑〉의 경우는 후자에 해당한다. 김곡은 연극과 영화에 관한 앙드레 바쟁 André Bazin의 논의를 참고해, 연극무대와는 구분되는 영화 속 배우에 대한 동화 양상을 분석한 바 있다.

"연극의 경우 프레임(무대)은 무에 접하고 배우는 거기에 현존하며, 게다가 공적으로만 현존한다. 고로 관객들은 배우에 대해서 사적으로 대립한다. (질투). 반면에 영화의 프레임은 무한에 접하고 배우는 거기에 현존하지 않으며, 심지어 사적으로도 현존하지 않는다. 고로 관객들은 '배우의 현존 속으로' 사적으로 흡수된다."[39]

영화에서 '거리두기'란 달리 표현하면 영화에 일어나는 시간과 다른 시간대를 엶을 의미한다. 관객과 배우가 실시간으로 소통하는 연극에서 '다른 시간대'는 극 내부의 시간에서 벗어나 연극을 관람하는 시간이다. 하지만 관객과 영화 속 캐릭터가 실시간으로 소통할 수 없는 영화에서 '다른 시간대'란 극 바깥의 시간이 아닌, 극 내부에 존재하는 또 다른 시간이다. 이를 염두에 둘 때, 영화의 시간이란 내부와 외부로 나뉘는 것이 아니라, 수많은 내부로 이뤄진 여러 겹의 시간이라고 말할 수 있다. 이명세가 영화를 통해 하는 일은 영화 내부에 존재하는 수많은 시간의 겹을 여는 것이다.

문밖에서

영신은 극의 내부와 외부를 오간다. 영신이 어떤 장소에 도착할 때, 그는 곧장 안으로 들어가는 법 없이 문 바깥에 서서 내부를 바라보곤 한다. 연극반 첫 모임에 지각한 영신은 교실 문밖에 서서 자신을 제외한 연극반 단원들이 돌아가며 자기소개하는 모습을 문 상단에 난 작은 창을 통해 지켜본다. 영신은 이들에 대한 나름의 논평을 덧붙이며 관객에게 연극부원을 소개한다. 그러던 중 영신이 자기소개 하던 윤미의 흉을 보고 있을 때, 안에 있던 창욱이 마치 영신이 거기 있다는 사실을 알고 있었다는 듯 문을 열고 나온다. "의자 여기다 갖다 줄까?"라는 창욱의 말과 함께 영신의 독백은 중단된다.

어느 밤 창욱이 머무는 하숙집을 찾아간 장면에서도 영신은 내부로 들어가지 않고, 담장 밖에 서서 멍하니 안을 바라본다. 영신이 한심한 자신을 탓하고 있을 때, 창욱이 슬그머니 나타나 "목련꽃이 예쁘지?" 하며 말을 건다. 연극 연습이 끝난 늦은 밤, 창욱을 보기 위해 되돌아온 영신은 문밖을 서성이다가 바닥을 기어 빠져나가려던 모습을 창욱에게 들키고 만다. 영신이 연극 연습 도중 얼이 빠진 몽유병자의 모습으로 창욱을 향해 천천히 움직이는 환상에 빠져 있을 때, "박영신!" 하는 외침으로 깨우는 이도 창욱이다.

들키고 싶지 않은 순간에 나타나던 창욱은 보고 싶은 순간에는 불러도 나타나지 않는다. 보일러를 핑계로 창욱이 머무는 하숙집 대문 안으로 진입한 영신은 창욱의 닫힌 방문을 바라보며 공연히 외치듯 언성을 높이지만, 창욱은 한참 동안 모습을 드러내지 않는다. 영신 혼자 서울에 있는 창욱의 본가를 찾은 장면에서도 영신만이 열린 문틈으로 아내, 딸과 함께인 창욱을 목격했을 뿐, 창욱은 영신을 보지 못한다.

서사 내부에서 영신이 창욱과 소통하던 문은, 서사 바깥에서는 영신과 관객이 소통하는 매개로 기능한다. 창문은 문과 비슷한 경계물처럼 보이지만, 다른 역할을 한다. 창문은 이명세 영화에서 인상적으로 쓰여 온 사물이다. 〈나의 사랑 나의 신부〉에서 영민은 집들이가 끝나고 홀로 설거지하던 미영이 조금 전 사람들 앞에서 부르다가 실패한 노래를 흥얼거리는 모습을, 창문을 통해 바라본다. 영민은 창문에 입김을 불어 '사랑해 미영!'이라고 쓴 뒤 창문을 두드려 아내를 부른다. 이때 창문은 현재진행 중인 이야기 안에 아스라한 시간의 격차를 새기는 방식으로 감정을 건드린다.

〈첫사랑〉에서 창문은 가벼움과 슬픔을 오간다. 영신 자매가 한밤중에 부모님 몰래 만두를 들여오는 작전 창구로서의 창문이 전자에 해당한다면, 후자의 창문은 영신이 실연한 이후의 심정을 반영한다. 이전까지 드러나지 않았던 창욱의 비밀을 알게 된 영신은 문수를 만나기 위해 그가 다니던 교회를 찾아간다. 하지만 친구들과 무언가를 준비하는 데 여념이 없던 문수는 빗줄기가 창을 가린 탓에, 창밖에 있던 영신을 알아채지 못한다. 창욱과 영신의 관계가 끝남에 따라, 한쪽은 바라보고 다른 쪽은 볼 수 없는 방식으로 이어지던 문수와 영신의 관계도 끝난다.

비는 실내와 실외 공간의 차이를 강화하면서 바깥과 안의 경계를 강화하는 요소다. 이명세의 영화에서 비가 내리는 장면은 이명세의 인장이라 할 정도로 수중 시퀀스에 방점이 찍혀 있다. 창문에 흘러내리는 비는 안과 밖의 거리감을 더욱 강화하면서 양쪽을 서로 다른 시공간 속에 떨어뜨려 놓는다. 창문을 사이에 둔 두 사람은 서로 다른 시간대에 놓인 셈이다. 〈첫사랑〉에서 영신의 방문 역시 시간의 방문이자 시간의 개입이다. 영신은 문수의 마음을 뒤늦게 깨닫지만, 그런 깨달음의 순간에 문수는 존재하지 않는다.

한편, 창문은 영신의 슬픔을 강화하는 사물로 기능한다. 빗물이 흘러내리는 창문은 눈물을 흘리는 영신과 닮았다. 창문에 비친 영신의 모습을 볼 때면 그가 교회를 찾은 이유가 문수를 만나기 위해서가 아니라, 함께 울어 주는 커다란 창문이 필요했기 때문이라고 착각하게 된다.

투명인간

투명인간 시퀀스는 문밖에 선 영신의 존재적 특성이 극단적으로 드러난 장면이다. 영신이 공상에 빠져들 때마다 늘 영신을 깨우는 창욱이지만, 투명인간 시퀀스에서만큼은 창욱도 영신을 알아보지 못한다. (혹은 알아차리지 못해야 한다.) 어느 밤 저절로 움직이는 자전거와 조용히 열리고 닫히는 문, 공중에 뜬 찻숟가락과 찻잔을 통해 보이지 않는 존재가 드러난다. 이명세는 투명인간을 두 가지 방식으로 보여 준다. 앞서 언급한 장면이 보이지 않는 존재가 관객의 눈에도 보이지 않는다고 가정한 경우라면, 창욱의 눈에만 보이지 않는다고 설정한 장면도 있다.

영신은 조용히 문을 열고 들어가, 책상에서 작업 중인 창욱 곁에 맴돌며 대담하게 바닥에 누워 보기도 하고, 책상 옆에 턱을 괴고 가까이서 창욱을 바라본다. 마지막에 영신은 창욱을 향해 '사랑해요'라고 속삭이지만, 창욱은 듣지 못한다. 영신이 답답하다는 듯 "사랑해요!"라고 큰 소리로 외치자, 창욱은 마치 그 소리에 놀란 것처럼 뒤로 넘어간다. 이 장면은 창욱을 연기한 송영창 배우의 연기를 투명하게 드러내기에 즐거움을 준다. 투명인간 같은 비현실적인 상황을 연기할 때, 배우는 설정과는 반대로 보이거나 들리지만 그렇지 않은 척 연기해야 한다. 뒤로 넘어지는 슬랩스틱은 이 같은 연기 속 연기에 실패했음을 드러낸다.

한편, 투명인간 시퀀스에서 두드러지는 건 이를 표현하기 위해 애썼을 스태프의 노고다. 저절로 움직이는 자전거를 표현하기 위해 자전거 양옆을 고정하고, 앞쪽에 피아노 줄을 묶은 뒤 끌어당긴 결과다. 스푼과 컵이 떠오르는 장면을 표현하기 위해 사물을 줄에 매달았고, 그 줄이 눈에 띄지 않도록 일일이 칠하는 작업도 병행했다. 투명인간은 사랑에 빠진 사람의 욕망을 드러내는 한편, 카메라에 모습을 드러낼 수 없지만 보이지 않는 자리에서 공을 들이는 스태프에 대한 적절한 비유이기도 하다.

〈첫사랑〉에는 보조출연자로 활약한 스태프의 모습이 곳곳에 숨어 있다. 기차 탑승객으로 출연한 이명세를 비롯해, 조연출이 그림자 장면에서 김혜수의 자리를 대신했고, 김동호 조명감독은 자전거를 타고 지나가는 마을 사람을 연기했다. 영신과 문수의 다방 장면에서 돌연 이들 앞을 천연덕스럽게 가로지르는 행인이나, 다방에 혼자 있던 영신에게 말을 걸었다가 퇴짜를 맞은 배우도 스태프였다. 단역을 연기한 스태프들이 카메라 안과 바깥의 경계를 슬쩍 가로지르는 가운데, 영화는 스태프의 예술이기도 하다는 사실을 드러내며 그와 같은 투명인간들에게 경의를 표한다.

골목길

대부분 영화의 결말은 주인공이라는 꼭짓점을 향해 좁혀들게 마련이지만, 〈첫사랑〉은 주인공의 모습이 보이지 않는 파격적인 결말을 마련해 두고 있다. 영신이 자전거를 타고 벚꽃길을 지나가는 장면에서 자전거 탄 영신의 뒷모습을 페이드아웃으로 사라지게 한다거나, 창욱을 찾아 서울에 온 영신이 골목길을 누비는 장면에서 지나가는 영신의 모습을 페이드아웃으로 처리한 방식은 주인공 없는 마지막의 예고였던 셈이다.

영신의 집으로 향하는 골목길을 비추는 마지막 시퀀스에서 골목길에 깃든 계절의 변화가 디졸브로 이어지고 고요한 정적이 찾아오면서 결말에 이른다. 이 장면에는 골목길의 수호신처럼 그 자리를 지켰던 유영길 촬영감독의 노고와 감성이 녹아 있다. 주인공이 사라진 자리에는 또 다른 주인공인 세트가 모습을 드러내고, 텅 빈 무대가 그렇듯 그 위에는 보이지 않는 존재를 인식할 수 있는 시간이 마련된다.

골목길을 보여 주는 마지막 장면은 영화의 첫 장면과 대구를 이룬다. 기차역을 보여 주는 오프닝 시퀀스에서 카메라는 인적 없는 고요한 역사 내부를 패닝panning으로 훑는다. 조금씩 사람이 모습을 드러내고, 그들의 소리가 들리면서 공간은 깨어난다. 첫 번째와 마지막 시퀀스를 중심으로 요약하면, 기차

〈첫사랑〉 골목길 컨셉 아트

※ 이명세 기증 자료.

2장 | 〈첫사랑〉은 SF를 꿈꾸는가

〈첫사랑〉 골목길 세트 조감도

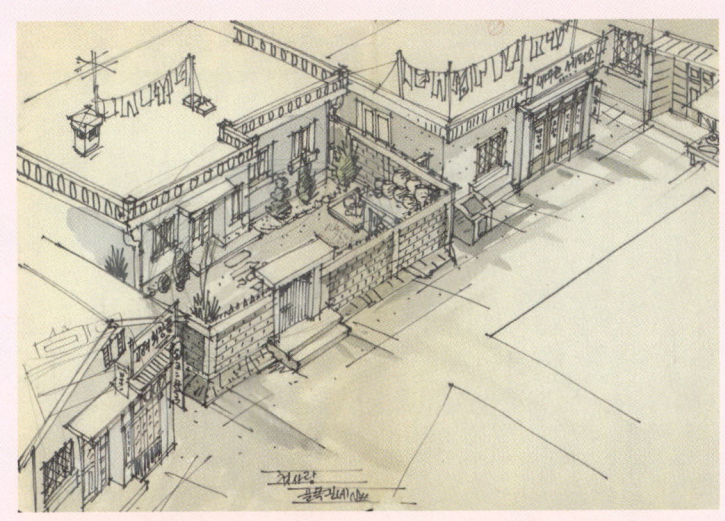

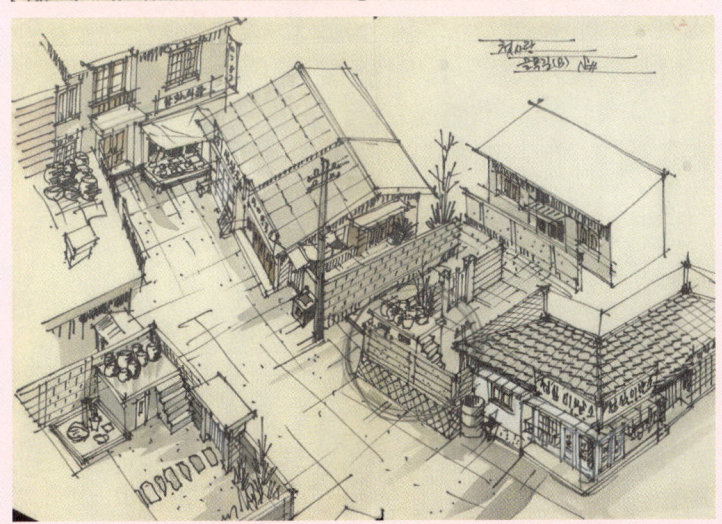

※ 이명세 기증 자료.

골목길 세트 카메라 콘티

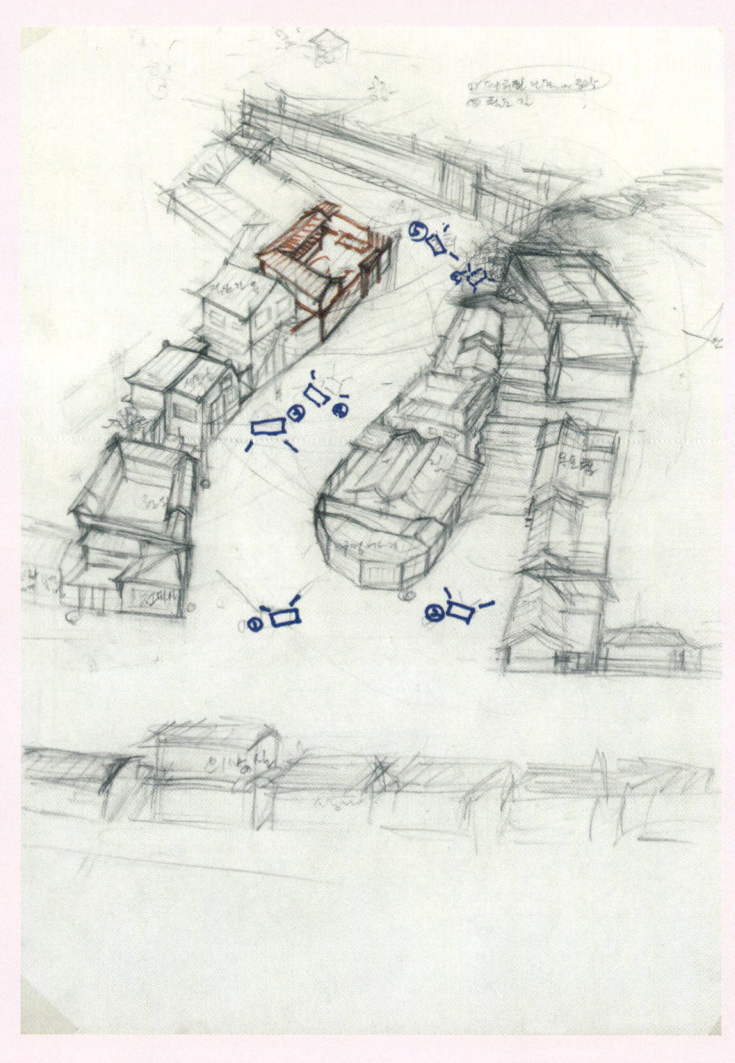

〈첫사랑〉 콘티 속 마지막 신

영신이 골목 곳곳에서 창욱의 모습을 보는 장면이 실제 영화에서는 삭제되었다.

※ 이명세 기증 자료

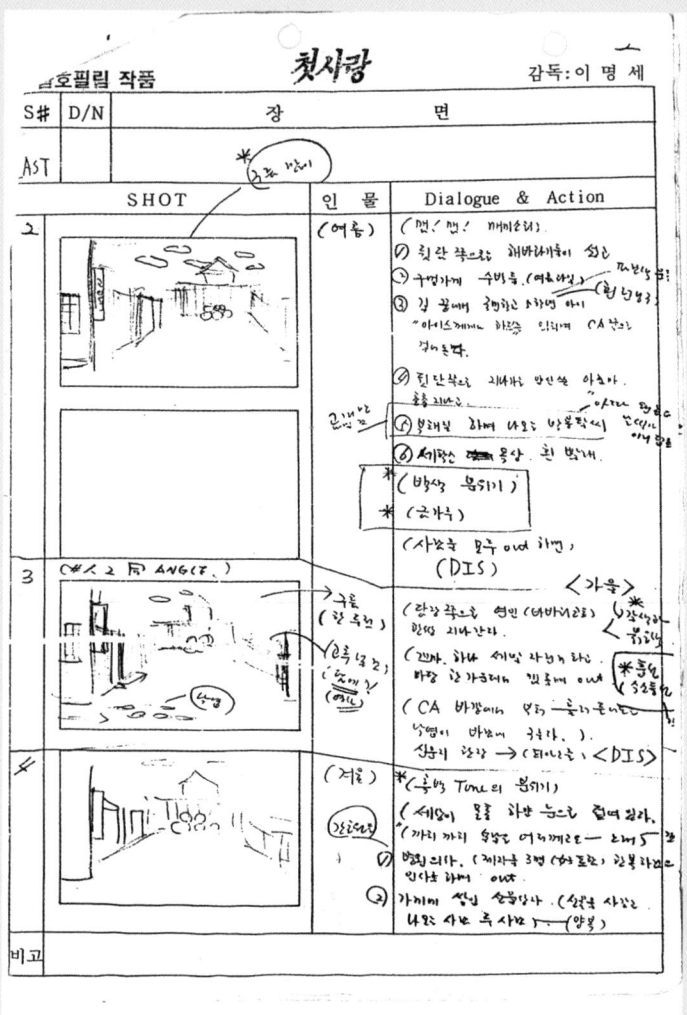

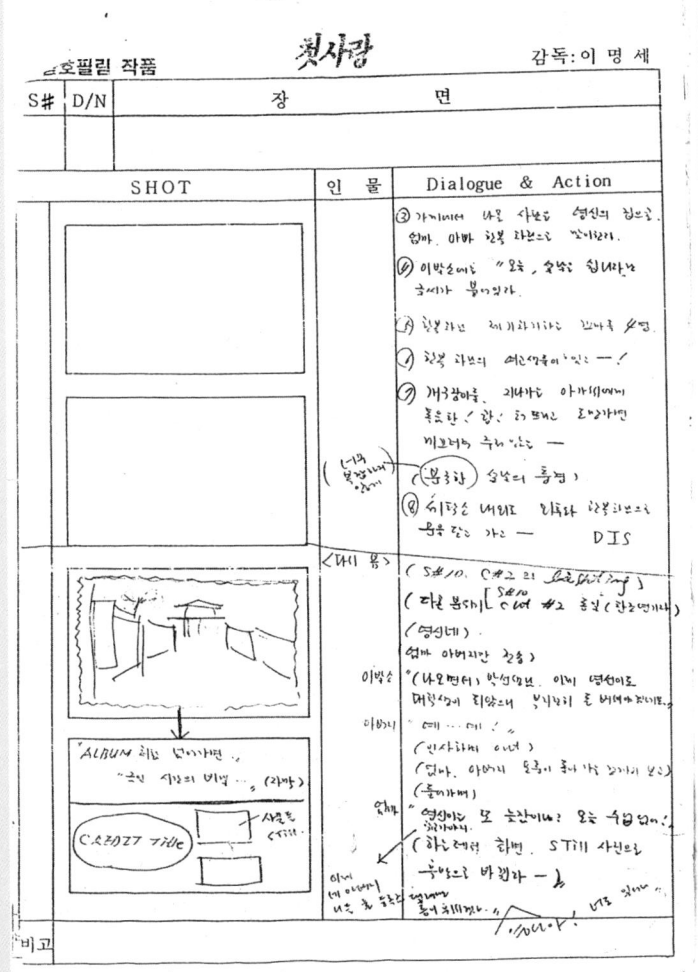

□호필름 작품 　　　첫사랑　　　 감독:이 명 세

S#	D/N	장　면

SHOT	인물	Dialogue & Action

비고

〈첫사랑〉 마지막 장면에서의 골목길

여름_아이스크림을 파는 아이가 골목 끝에서 나타난다.

가을_영신의 집 앞에 고추를 말리기 위해 펼쳐 놓은 모습이 보인다.

겨울_골목 끝에 눈사람이 서 있고, 길 위에도 눈이 쌓였다.

다시 봄_#10의 골목 장면의 반복. 줄넘기 하는 남성과 슈퍼 문을 여는 할머니의 모습이 보인다.

역과 함께 깨어난 공간은 골목길과 함께 잠드는 셈이다. 골목길을 흑백의 그림엽서에 담아 별들이 반짝이는 우주 위에 띄우는 엔딩 크레디트는 언젠가 어딘가에 도착할 기억의 씨앗을 심는다.

정성일은 영화의 라스트신이 보여 주는 것은 감정적 동화가 아닌 인공적 공간에 대한 자각뿐이라고 비판했다.* 정성일의 단언과는 달리, 그 '인공 공간'은 감동적이다. 그 공간은 영화가 존재하는 동안 살아 있었으며, 그 사라짐을 애도할 수 있을 만큼 충분히 존재했다. 관객은 화면에 보이지 않는 주인공 영신이 비로소 나와 같은 자리에서 그 장소를 바라보고 있음을 믿게 된다.

천사의 시선

어느 날 영신은 자신의 방에서 창욱과 거리를 두고 마주 앉

---

* "모든 인물이 화면 내에서 증발해 버리는 라스트신에 이르면 단순히 사라지는 것은 인물만이 아니며 삶의 흔적까지도 사라져 버리고 관객은 그저 텅 빈 가짜 공간만을 발견하게 됩니다. 그 가짜 공간 속에서 관객은 깨달음이 없으니 이후 디졸브와 롱테이크로 제시되는 일상성을 그리는 사계절 신은 어떤 감동의 영역 속에도 관객을 영입시키지 못하는 결과를 갖게 됩니다." 〈화제작 집중분석/합평: 첫사랑의 향수와 삶의 흔적〉, 격월간 《영화》, 1993년 3월호, 67쪽.

은 채 대화를 나눈다. 이것이 환상의 일종임은 명백하나, 카메라는 컷을 나누지 않은 채 영신과 창욱이 거리를 두고 마주 앉은 상황을 현실처럼 그린다. 영신의 환상은 바로 옆 침대에서 잠을 자던 영신의 동생, 영선(김혜영)의 잠꼬대로 중단된다. 잠에 취한 영선의 상태는 또박또박 자신과 창욱에 관해 이야기하는 영신의 상태와 대조된다. 말하자면 영신은 환상 속에서 또렷하게 정신을 차리고 있다. 각성한 몽상 속에서 영신은 이렇게 말한다.

"저는 천사거든요. 선생님이 학교에 처음 오셨을 때, 철학자 셰스토프가 그랬다면서 말씀하셨잖아요. 천사는 온몸이 눈이라고. 그래서 모든 것을 볼 수 있다고."

자신이 천사라고 고백하는 영신의 말은 비유적으로 들리지만, 영신이 창욱의 방에 들어가 그를 관찰하거나 도울 때, 영신은 천사와 같았다.** 한편, 영신의 대사 중 '온몸이 눈인 모든 것을 볼 수 있는 존재'라는 설명에서 연상되는 것은 카메라다. 무언가를 보거나 촬영하는 사물인 카메라는 온몸이 눈인 기계다. 이를 바탕으로 영신 없는 엔딩 시퀀스의 의미를 유추할 수

** 참고로 김혜수는 〈첫사랑〉에 출연할 무렵 천사를 연기한 적이 있다. 1992년 방영된 MBC 2부작 드라마 〈천사는 말괄량이〉(연출 최명규, 각본 이희우)에서다.

있다. '온몸이 눈인 천사'가 카메라를 가리킨다면, 이는 영신이 곧 카메라라는 말도 된다. 고정숏으로 골목길의 사계절을 관찰하는 카메라의 시선은 천사의 시선이자, 영신의 시선이다. 영신이 그 장면 속에 존재하지 않는 이유는 영신이 우리 눈에 보이는 이미지를 함께 바라보고 있기 때문이다. 영화의 안과 바깥을 넘나들며 말을 걸어오던 영신은 이제 관객과 같은 위치에서 같은 것을 바라본다.

3장
머리의 사랑

"언젠가 나도
누군가를 오려내 버린 사진을 꽂아 둔
빛바랜 사진첩을 가지게 될까?"

이발소

이발소는 이명세 영화에서 빼놓을 수 없는 장소다. 데뷔작 〈개그맨〉의 첫 장면이 이발소를 배경으로 삼았으니, 그가 연출가로서 발을 내딛은 첫 번째 장소였던 셈이다. 〈개그맨〉의 이발소는 이발사가 베일로 얼굴이 가려져 말을 할 수 없는 손님을 위해 대신 이런저런 이야기를 늘어놓는 장소로 묘사된다. 이때 베일은 정교하게 다듬어진 종세의 콧수염을 숨겼다가 드러내며 코믹쇼의 시작을 알린다.

이발소를 상징하는 도구는 가위보다는 칼이다. 칼은 콧수염을 다듬을 때를 비롯해 짧은 머리카락을 다듬을 때 유용하다. 영화에서 미용실이 (특히 중년 여성을 중심으로 한) 마을 주민들이 모여서 대화하는 일상적인 거점으로 등장하는 것과 달리, 이발소는 종종 범죄와 결탁하는 이유도 칼이라는 도구와 관련된다. 〈인정사정 볼것 없다〉에서 우 형사와 김 형사(장동건)가 용의자를 검거하려다 사건에 휘말리는 장소도 이발소다. 범인이 이발소에 있던 어린아이를 인질로 삼아 저항하자, 당황한 김 형사가 실수로 실탄을 발사해 남자를 죽이면서 죄책감에 시달리게 된다.

〈개그맨〉에서 이발소는 일상과 환상이 교차하는 몽상의 장소다. 이발소의 손님 이종세는 영화감독을 꿈꾸고, 주인인 문도석(배창호)은 영화배우를 꿈꾼다. 이종세와 문도석이 영화를 찍으려다 범죄에 휘말리는 이야기는 결국 이종세가 이발소에서 꾼 꿈으로 귀결된다. 이러한 결말은 '지금까지 보신 것은 한낱 꿈에 불과한 가짜'라고 말하는 것이 아니라, 지극히 일상적인 공간과 비현실적인 꿈이 실은 연결되어 있음을 보여 주려는 결말로 읽힌다.

〈M〉은 이명세의 영화 세계에서 이발소 대신 미용실이 거점으로 등장하는 드문 영화다. 이발소가 명백한 남성의 공간이라면, 미용실은 남성을 허용하는 중성적인 공간이다. 이모가 운영하는 미용실에서 보조로 일하던 미미는 손님으로 등장한 민우를 보고 당황한다. 체육복 차림에서 원피스로 갈아입고 나타난 미미는 조심스럽게 민우의 머리카락을 감긴다. 성별 특정성에서 벗어난 머리 공간과 함께 손과 머리의 접촉이 청춘 로맨스를 위한 흔치 않은 도구가 된다.

〈첫사랑〉에서 이발소는 영신의 집과 마주 보는 위치에 이웃해 있다. 이명세는 〈첫사랑〉 블루레이 코멘터리에서 이발소가 세탁소, 구멍가게처럼 당시의 리얼리티를 반영한 장소라고 설명했다.[40] 하얀 재킷에 가운데 머리가 벗겨진 이발소 주인은 골목에서 종종 모습을 드러낸다. 아침 풍경을 묘사한 장면에서 등장인물 중 한 사람으로 자신을 소개하듯 슬쩍 모습을 비추기도 하고, 늦은 저녁 흰 가운을 털면서 퇴근을 준비하거나 손님을 배웅하는 모습으로 등장한다. 반면, 카메라가 이발소 안으로 들어가는 장면은 없다. 이따금 카메라가 마을 전경을 훑을 때, 이발소 맞은편에 위치한 의원 내부가 창문을 통해 슬쩍 들여다보이지만, 이발소는 창문이 불투명하게 막혀 있어 내부를 볼 수 없다.

불투명한 막으로 가려진 창문은 이발소의 리얼리티를 살린 공간 디자인이지만, 어쩐지 그곳이 외부의 빛을 완전히 차단해야 하는 암실임을 드러내는 것 같다. 이명세의 초기작에서 이발소가 영화를 꿈꾸는 이들을 위한 대피소처럼 인식되기 때문이다. 〈개그맨〉에서 이발소에 이어 등장한 두 번째 장소는 영화 촬영장이다. 이발소에서 영화 촬영장으로 점프하면서 이명세는 은연중에 이발소와 영화 촬영 현장의 친연성을 드러낸다. 두 장소를 연결하는 단어는 '컷'이다. 컷은 머리카락을 자를 때 쓰는 말이자, 영화에서 숏을 나누는 자리를 의미하며, 영화 촬영 현장에서 감독의 개입을 드러낼 때도 쓰인다. 덧붙이자면, 컷은 이명세가 영향을 받은 인물로 꼽은 15세기의 검객 미야모토 무사시(宮本武蔵)의 검술론에도 등장한다. 그의 검술론은 딱 한 마디로 요약되는데, 그것은 바로 '베는 것'이다.[41] 이는 '심플한 것이 핵심적인 것이자 유니크한 것'[42]이라는 이명세의 연출론과 통한다.

숏컷을 한 배우

〈첫사랑〉의 영신 역으로 처음 물망에 오른 배우는 이명세와 〈나의 사랑 나의 신부〉를 함께 했던 최진실이었다. 캐스팅이 교체된 이유에 관해서는 상반된 이야기가 공존한다. 배우 쪽에서 캐릭터에 대한 불만으로 자진 하차했다는 보도가 있는가 하면, 이명세는 오랫동안 김혜수와 함께 영화를 찍기 위해 공을 들여 왔으며, 첫사랑의 전형적인 이미지를 벗어나기를 원했기에 김혜수를 캐스팅했다고 설명한다.

영화 〈깜보〉(이황림, 1986)로 데뷔한 김혜수는 〈첫사랑〉의 영신이 되기 위해 중학생 시절 이후 처음으로 머리카락을 짧게 잘랐다. 이 소식은 영화를 홍보하는 문구로도 활용되었다.[43] 물론 영화가 흥행에 참패했기에 이로 인한 홍보 효과는 거의 없었다고 하겠다. 김혜수의 머리카락을 가위로 직접 잘랐던 이명세는 이후 〈지독한 사랑〉의 주연배우 강수연의 머리카락 역시 단발로 자르도록 만들었다.[44] 물론 강수연은 이미 〈아제아제 바라아제〉(임권택, 1989)에서 삭발을 한 적이 있기에 단발로 자른 것쯤은 큰 뉴스거리가 아니었다.

이명세는 왜 여성 배우들의 머리카락을 짧게 자르려 했을까. 김혜수는 〈첫사랑〉 블루레이 코멘터리에서 "당시는 비련의 여주인공이 대세였던 시절"[45]이라고 회고했다. 이 말을 염두에 두면, 짧은 머리카락에는 비련의 긴 생머리 여주인공에 대적하는 의미가 포함된다. 김혜수는 예쁘게 보이려는 노력을 금지한 이명세도 당황할 만큼 아무렇게나 자른 짧은 머리에 털털한 캐릭터를 완벽하게 소화한다.

한편, 영화의 배경이 1970년대라는 사실을 염두에 둘 때, 짧은 머리카락은 시대적 배경과 관련된 설정으로 읽힌다. 1970년대는 두발 단속이 제도적으로 존속하던 시기였다. '신체발부 수지부모'의 개념으로 신성시되던 긴 머리는 1960년대 후반 이후 서구의 퇴폐적 히피문화의 상징으로 의미화된다. 여기에서 파생된 두발 단속은 1970년대까지 이어졌다. 두발 단속의 명분으로 삼은 이유 중 가장 눈에 띄는 대목은, (남성의 장발이) '성별을 구분할 수 없게' 만든다고 명시한 부분이다.[46] 짧은 머리는 남성, 긴 머리는 여성이라는 머리 길이에 따른 성별 고정관념이 두발 단속의 이유임을 드러내는 대목이다. 이러한 고정관념에 영화적으로 대항하는 방법에는 장발 남성 주인공이 경찰로부터 단속받는 모습을 재현하는 것만이 아니라, 짧은 머리 여성을 주인공으로 삼는 것도 있다. 영신의 짧은 머리카락은 단역인 연극반 학생 중 한 명인 철학과 유오성의 장발 가발과 대조를 이루면서 머리카락 길이에 따른 성별 구분에 암시적으로 대항한다.*

* 대학 시절 이명세의 머리 스타일은 영신보다는 오성에 가까웠을 것으로 짐작된다. 채호기 시인의 술회에 따르면, 대학 시절 풍문으로 들었던 이명세는 "머리를

김혜수가 칼단발 회사원으로 등장했던 〈남자는 괴로워〉를 비롯해 초기작에서 단발의 여성 캐릭터를 즐겨 묘사해 왔다면, 이명세의 후기작에서는 긴 머리 남성 주인공의 등장으로 특징지을 수 있다. 시대극 〈형사 Duelist〉에서 강동원이 연기한 슬픈 눈은 이명세의 영화에서 긴 생머리 장발이 허락된 흔치 않은 주인공이다. 얼굴을 가리는 흰색 가발과 길게 내려뜨린 장발은 캐릭터의 미스터리한 매력을 극대화하는 도구였다. 영광도 잠시, 〈M〉에서 강동원은 M자형 탈모에 가까운 짧은 머리로 등장한다. 그의 머리 스타일은 미간을 찌푸릴 때마다 선명해지는 M자와 더불어 민우가 곧 'M'이며, 영화 〈M〉은 그의 머리에서 비롯되었음을 드러내는 표식이었다.

각본가이기도 한 이명세의 영화는 대부분 이명세의 머릿속에서 나온 것이다. 〈첫사랑〉으로 청룡영화제 최연소 여우주연상을 받았던 김혜수는 이명세 감독과의 블루레이 코멘터리에서 자신의 연기는 모두 이명세가 만들어 낸 거라고 말했다. 겸손의 표현일 테지만, 이명세의 디테일한 연기 주문 방식을 생각하면 어느 정도 타당한 의견처럼 들린다.

하지만 작품을 제작하는 과정에서 김혜수는 이명세와 종종 대립각을 세웠다. 이명세의 디렉팅에 매번 의문을 품었던 김혜

어깨까지 치렁치렁 늘어뜨린 장발"이었다. 이명세·채호기, 《주고, 받다》, 꽃핀자리, 2015, 11쪽 참조.

수는 어느 순간 지친 나머지 데모에서 보여 준 감독의 연기를 흉내 내듯 연기했고, 그러자 오케이 사인이 쉽게 떨어졌다. 김혜수는 편집본을 보고 난 후에야 자신이 고집해서 만든 영신보다 이명세의 연출에 맞춘 모습이 진짜 영신에 가까움을 알게 된다.[47] 박중훈 역시 〈나의 사랑 나의 신부〉 블루레이 코멘터리에서 "이명세가 시연하는 모습을 참고해서 그대로 따라 하면 오케이 사인이 빨리 났다"라고 회고했다.[48]

이명세의 영화에 출연했던 배우의 인터뷰에서 이와 비슷한 이야기는 얼마든지 발견할 수 있다. 이명세는 캐릭터를 배우의 판단에 맡겨 두는 대신, 캐릭터에 대한 자신의 상을 배우를 통해 구현하기를 바랐다. 이명세의 영화에서 캐릭터는 배우의 것인 만큼이나 연출의 것이다. 영신의 짧은 머리에는 성별 고정관념을 넘나들며 캐릭터의 세계를 누빈 이명세의 흔적이 담겨 있다. 불과 몇 년 전까지 여성 캐릭터를 잘 모르기 때문에 그리지 않는다는 말이 통용되던 한국영화계를 돌이켜 볼 때, 더욱 소중하게 느껴지는 시도다.

머리카락 팔아요

영신의 집으로 향하는 골목길은 시대적 배경을 짐작할 수 있는 다양한 소리가 담긴 시청각적 장소다. 지금은 사라지고 없는 소리는 허구임이 분명한 세트를 향수의 매개로 만든다. 아침이면 "우유요!"라고 외치는 우유 배달부와 "신문이요!"라고 외치는 신문 배달 소년의 목소리가 교차하고, 낮이면 행인의 휘파람 소리와 손수레를 끌고 가위질하며 "빈 병이나 헌책 삽니다"라고 외치는 고물상의 소리가 들린다. 여름에는 아이스크림 파는 소년이 "하드나 아이스케키"라고 외치며 골목을 누빈다.

그 가운데 유독 귓가를 사로잡는 낯선 소리가 있다. 높지 않은 음정에 운율을 넣어 "머리카락 팔아요, 머리카락 팔아요"라고 읊조리는 여성의 속삭임이다. 김혜수 역시 "머리카락 팔아요"라는 소리가 특히 인상적이었다고 언급했다.* 아련하게 들리는 목소리는 영화가 촬영 중이던 현장에서 들려오는 소리가 아니라, 편집 과정에서 우연히 삽입된 목소리처럼 들린다. 목소리의 주인공은 화면에 드러나지 않고, 크레디트나 다른 정보를 통해서도 확인되지 않는다. 누구의 목소리인지 분간할 수 없는 이 목소리는, 골목길을 부감하는 위치에 놓인 카메라가 영신의 집 주변을 흐르듯이 훑을 때, 그 움직임에 멜로디를 더하며 영신의 집에 이를 때까지 동행한다.

---

* 이 목소리는 오리지널 대본과 최종 대본 등에 따로 표기되어 있지 않다.

다른 소리가 시대상을 고증한 소리인 것과 마찬가지로, 머리카락을 파는 목소리 역시 70년대의 상황을 반영한 소리로 해석할 수 있다. 그 무렵 여성의 머리카락은 상품 가치를 지녔다. 1960년대 후반부터 대미 수출품의 하나였던 머리카락은, 1966년 미국에서 가발 붐이 일면서 산업 품목으로 자리 잡는다. 머리카락의 가치가 올라가면서 국내에서는 웃을 수 없는 사건이 벌어진다. 지나가는 소녀의 머리카락을 깎거나 돼지털을 인모人毛로 속이는 사건[49]이 일어나는가 하면, 부산시에서는 각 학교에 공문을 보내 여학생들의 머리카락을 7센티씩 더 기르도록 강제하는 일도 있었다.[50] 다른 편에서는 아버지의 약 값을 구하기 위해 자신의 머리카락을 잘라 판 소녀의 이야기가 소개되며, 머리카락을 파는 행위를 은근히 장려하기도 했다.[51]

한편, 여성이 머리카락을 자르는 행위에 담긴 희생을 의미화한, 오래된 문학작품도 1970년대 무렵 재발견되었다. 오 헨리William Porter의 단편 〈크리스마스 선물〉은 가난한 부부가 서로를 위해 크리스마스 선물을 준비하는 이야기다. 남편은 아내에게 빗을 선물하기 위해 금시계를 팔지만, 아내는 크리스마스 선물을 마련하기 위해 머리카락을 팔아 시곗줄을 산다. 서로를 위해 가장 아끼는 것을 팔아 선물을 사지만, 상대에게는 이미 그것이 필요 없어진 후라는 상황이 주는 아이러니가 강렬하게 체감되는 작품이다. 1906년 작품인 〈크리스마스 선물〉이

한국에 번역된 해는 1926년 무렵이었다.[52] 이후 짧게 소개되다가 1970년대 이후 널리 알려지기 시작해, 1971년 크리스마스 무렵에는 《오 헨리 단편집》이 소설 부문 베스트셀러에 올랐다.[53] 이후 뮤지컬이나 영화 등 2차 창작물로 만들어지면서 대중화가 가속화되었다.*

미국에서 유입된 단편소설은 머리카락을 반강제로 기르거나 잘라야 했던 역사와 사람을 기리는 동시에, 그 역사를 포장하거나 가리는 하나의 방편이었던 것은 아닐지 추측하게 된다. 이러한 맥락에서 〈첫사랑〉에 삽입된 "머리카락 팔아요"라는 얼굴 없는 목소리는 무엇을 의미하는가. 그 목소리는 품귀 현상이 일 정도로 머리카락이 귀했던 시간을 지나 이제는 머리카락의 가치가 떨어진 상황에 놓인 개인을 상상하게 만든다. 소멸의 끝을 잡고 들려오는 목소리는 자신의 머리카락을 필요로 하는 개인을 찾는 중이다. 이 목소리가 상기시키는 역사적 배경 역시 첫사랑에 관한 향수 어린 시간 속에서 그리운 광경으로 기억할 수 있을까.

---

* 1976년 12월 24일에는 TBS 방송국에서 오 헨리의 소설 〈크리스마스 선물〉을 캐럴 중심 뮤지컬로 엮은 〈꿈속의 크리스마스〉가 성탄 특집으로 방영되었고, 1981년 12월 21일에는 같은 소설을 영화화한 〈사랑의 선물〉이 방영되었다. 〈연례행사 못 면한 성탄 특집〉, 《조선일보》, 1976년 12월 24일자 5면 기사; 〈TV 볼만한 성탄절 특집〉, 《동아일보》, 1981년 12월 21일자 12면 기사 참조.

잘린 사진

영신과 창욱이 사찰로 데이트를 떠난 날, 둘은 그곳에서 우연히 만난 노부부에게 사진을 찍어 준다. 노부부는 이에 대한 보답으로 두 사람 사진을 찍어 주겠다고 제안한다. 두 사람이 나란히 서서 사진 자세를 취하며 멈춰 있을 때, 잘린 사진에 관한 영신의 내레이션이 배경으로 깔린다.

"언젠가 선생님이 들춰 본 누이의 앨범에는 반이 뚝 잘려 나가거나 가위로 교묘하게 오려 낸 사진들이 여러 장 들어 있었다고 했다. 간혹 다 오려 내지 못해 누이의 어깨에 걸쳐진 채 남아 있던 누군가의 팔과 조금 삐져나온 누군가의 가방을 발견해 낼 때면 그들이 누구일까 궁금해지곤 했다고. 그래서 여학생들은 남자하고 같이 사진 찍는 걸 좋아하지 않는 줄 알았다고. 그럴까? 나도 과연 그럴까? 언젠가 나도 누군가를 오려 내 버린 사진을 꽂아 둔 빛바랜 사진첩을 가지게 될까."

이 대사는 이명세가 과거 누나의 사진첩을 들여다본 일화를 바탕으로 쓴 내레이션이다.[54] 영신의 내레이션이 흐르는 동안 창욱은 어색하게 영신의 어깨에 손을 얹고, 영신은 창욱의 어깨 쪽으로 살며시 머리를 기대는 시늉을 한다. 이 장면은 창욱이 기혼자라는 사실이 밝혀지기 이전에 두 사람의 관계가 끝나리라는 것을 예감하게 만드는 동시에, 언젠가 영신이 창욱을 오려 낸 사진을 갖게 될 것임을 예고한다. 물론 창욱을 오려 낸다고 해도 영신의 어깨에 얹힌 창욱의 손가락과 기울인 고개가 가리키는 누군가의 존재를 완벽하게 삭제할 수는 없을 것이다.

잘린 사진 이야기로 유추할 수 있는 사진과 영화의 공통점은 누군가를 완전히 도려낼 수 없다는 것이다. 사진에서 누군가를 정교하게 오려 낸다고 해도, 오려 냈다는 흔적마저 지울 수는 없다. 영화에서 누군가의 분량을 최대한 덜어 낼 수는 있지만, 그와 함께 연기한 누군가의 분량을 그대로 보존하면서 한 사람만을 완벽하게 도려내기란 사실상 불가능하다. 누군가를 완전히 오려 낼 수 없다는 한계는 사진과 영화가 사랑과 공유한 공통점이기도 하다. 사랑은 끝난 이후에도 사라지지 않는 흔적을 남긴다.

흥행에 실패한 감독의 자리

〈첫사랑〉은 총 관객 수 5천 명에 조금 모자란 정도의 저조한 흥행을 기록했다. 영화 상영은 단 2주 만에 막을 내렸는데,

이는 그해 개봉한 영화 중 가장 짧은 기록에 속한다.* 이명세는 〈첫사랑〉이 상영되던 명보극장 건너편 다방에 자리를 잡고 앉아 영화를 보러 온 관객들을 매일 지켜봤다. 극장 앞에서 자주 목격된 사람은 다름 아닌 주연배우 김혜수였다. 당시 대학생이던 김혜수가 친구들을 데리고 영화를 자주 보러 왔는데, 그 모습을 지켜보는 것이 마음 아팠다고 이명세는 회고한다. 특수효과를 담당한 김철석 감독도 김혜수만큼이나 극장을 자주 드나들던 드문 관객이었다. 이명세에게 '영화는 이렇게 만들어야 하는구나'라는 감상을 들려줬다는 그는, 흥행에 실패한 감독이 이후에도 작품 활동을 지속하기를 바라며 여러 제작자에게 이명세를 소개하고 제작자를 설득하는 일을 자처했다.[55]

이명세 감독이 애타게 관객을 기다리던 다방이 몇 층에 있었는지는 확인할 수 없지만, 위에서 아래쪽을 내려다보는 부감의 위치에 있었을 거라고 추정된다. 실제의 이야기에 상상력을 더한 장면 속에서 부감은 관망하는 자리가 아니라 기다림을 위한 자리다.**

---

* 그해 가장 오랫동안 스크린에 걸린 영화는 〈서편제〉로, 무려 21주간이나 상영되었다. 〈'93년 영화계 총결산〉, 《스크린》 1993년 12월(통권118호), 135쪽.

** 이명세는 이동진과의 인터뷰에서 카페가 위에서 내려다보는 위치에 있었음을 드러낸 바 있다. "명보극장 옆의 '난다랑'이라는 카페에서 내가 창문을 통해 내려다보니까…", 이동진, 《이동진의 부메랑 인터뷰 그 영화의 시간(박찬욱, 최동훈, 이명세)》, 위즈덤하우스, 2014, 505~506쪽.

부감 숏

〈첫사랑〉에는 크게 두 부류의 세트가 존재한다. 영신이 사는 마을을 묘사한 세트와 영신의 대학 연극반이 준비 중인 연극 〈우리 읍내〉의 세트다. '우리 읍내'라는 연극의 제목은 영신이 사는 마을을 연상시킨다. 연극과 연극 바깥에 두 개의 '우리 읍내'가 존재하는 셈이다. 이는 영화 내부에 또 다른 '우리 읍내'가 존재한다는 말도 된다.

연극과 영화, 두 개의 세트는 서로 다른 목표와 성격을 지닌다. 연극의 세트는 인물들이 연기하는 무대 뒤쪽에서 물러난 배경으로 존재하며, 장치의 평면성이 두드러진다. 반면 영화의 세트는 때로는 전면에 등장해 포커스를 받기도 하며, 실제에 버금가는 입체적인 면모를 보인다. 입체적인 면모는 다른 말로 머리를 지닌 공간이라고 표현할 수 있다. 대개의 영화 세트는 연극 세트와 달리 머리를 지닌다. 머리를 지닌 세트는 위에서 내려다보는 부감俯瞰의 시점을 소화할 수 있다.

연극에서 관객의 위치는 대부분 무대 맞은편에 고정되기에 무대장치는 해당 위치에 맞추어 제작된다. 관객의 시선에 걸리지 않는 무대의 위나 뒤는 정교하게 구성될 필요가 없다. 만일 무대 위나 뒤편에서 무대장치를 바라본다면, 목재가 세트를 비스듬하게 지탱하는 모습을 보게 될 것이다. 하지만 영화의 관객은 카메라와 함께 어디든 갈 수 있다. 정면과 측면은 물론, 때로는 상단에서 세트를 내려다볼 수 있다. 그 때문에 영화의 세트는 자신의 머리를 단속해야 한다.

부감 숏은 영신의 집을 보여 주는 장면에서 주로 쓰인다. 집집마다 태극기를 달아 놓은 국경일에 자전거 탄 우편배달부가 속달 등기를 전해 줄 때나, 영신이 어머니의 심부름으로 마당 장독대에서 고추장을 덜어 가는 장면이 부감으로 찍힌다. 특히 고추장을 더는 장면에서 지붕에서부터 시작해, 마당 일부와 대문 바깥의 풍경까지 한눈에 들어오는 구도가 인상적이다. 이 장면에서도 이명세의 디테일은 여지없이 드러난다. 프레임 안에 담긴 시각적 정보가 워낙 많기에 그냥 지나치기 쉬우나, 지붕에는 언제 날린 건지 모를 종이비행기와 배드민턴공을 비롯해 정체불명의 종이나 티끌 등 시간의 흔적을 보여 주는 사물이 놓여 있다. 이러한 사물은 화면에는 드러나지 않은 시간을 상상하게 하는 매개다.

종이비행기는 그나마 눈에 띄는 편이지만, 어린아이의 치아 모형은 관객의 눈에 띌 리 만무함에도 이명세는 거기에 배치해 둔다.[56] 이는 감독 자신이나 스태프의 진술로만 존재할 뿐, 누구도 발견하지 못할 세부다. 그러므로 지붕에 놓인 치아 모형은 단지 디테일을 위한 장치이기보다 다른 의미를 추정해 볼 수 있다. 빠진 치아를 지붕에 던지는 것은 부정을 타지 않

부감 숏으로 촬영된 이 장면은 의도적으로 마당 장독에서 고추장을 퍼 담는 영신의 옆으로 지붕을 보여 주는데, 이 지붕 위에는 종이비행기, 베드민턴 셔틀콕, 빠진 이빨 등이 놓여 있다.

고, 튼튼한 이를 갖기 위한 풍습의 일종이다. 지붕에 놓인 치아에 녹아든 함의를 바탕으로 부풀려 보자면, 치아는 영신의 집을 비롯한 세트가 신체화된 장소임을 드러내는 표식이다. 죽은 치아를 주며 살아 있는 치아를 염원하듯, 영화 만들기란 죽은 것을 모아 살아 있는 것으로 탈바꿈하는 일이다.

머릿속이 이상해

연극반 첫 모임에 지각해 창욱에게 한 소리 들은 날, 집에 돌아온 영신은 집 거실 벽에 팔짱을 끼고 앉아 분을 풀지 못한다. 머릿속에 창욱을 떠올리며 해삼, 멍게, 말미잘, 악마라는 별명을 차례로 붙이고 인생과 예술을 논하는 모습을 마음껏 비웃은 뒤에도 분이 안 풀린 영신은, 갑자기 제 머리카락을 마구 헝클어뜨리며 긁어 대기 시작한다. 옆에서 이 모습을 가만히 보던 아버지(박종원)가 의아한 눈길로 돌아보며 묻는다.

아빠 : (신문을 보다가 영신을 보고) 너 머리 안 감았냐?
영신 : 아니, 머릿속이 이상해서,
아빠 : …?
영신 : 꼭 이상한 벌레 같은 게 들어와서 아무리 쫓아내려 해

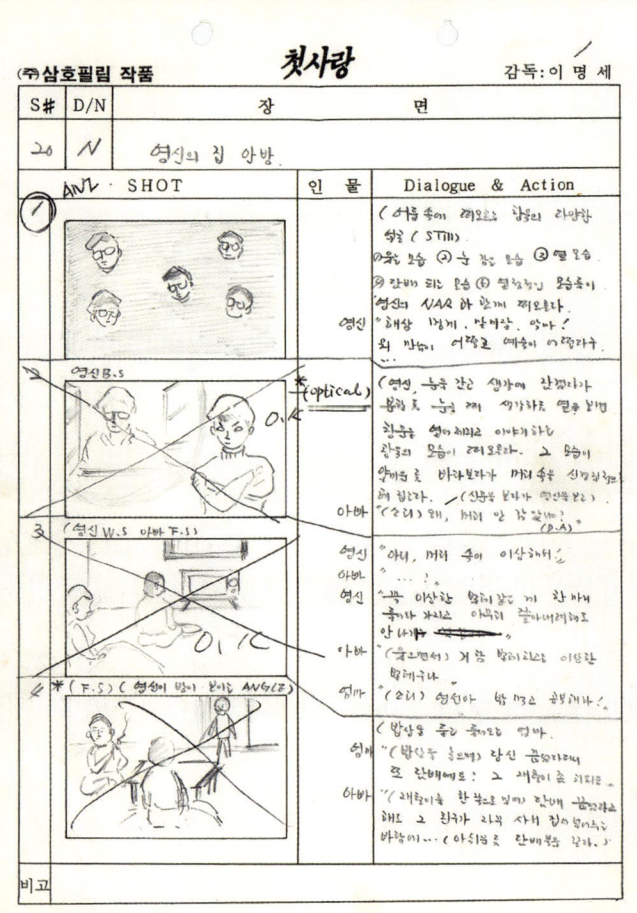

영신의 집 안방(창옥을 생각하며 머리를 긁는 영신)

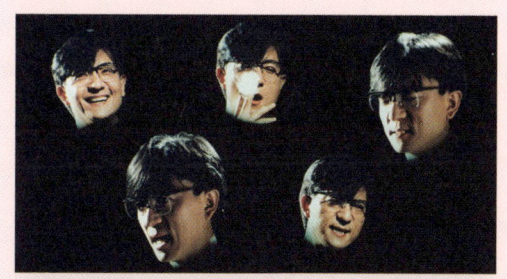

도 안 나가.

　아빠 : (웃으면서) 거 참 벌레치고는 이상한 벌레구나.[57]

　머릿속에 있는 벌레는 창욱이다. 영신의 반응은 창욱이 영신의 머릿속을 장악하기 시작했음을 투명하게 드러낸다. 그런 자신을 이해할 수 없는 영신은 제 머리를 긁으며 자학하지만, 머릿속을 장악한 벌레는 도망가지 않는다. 이로써 영신은 창욱의 행동을 은연중에 모방한다. 첫 만남에서 창욱은 영신과 미숙 앞에서 가려운 듯 머리카락 속을 양손으로 시원스레 긁어 댄다. 그 모습을 본 영신은 앞 머리카락 쪽으로 한숨을 내쉬며 '밥맛'이라고 생각했지만, 이제 자신이 그와 비슷한 행동을 한다.

　머릿속을 장악한 사랑에 대한 비유는 흔한 것이지만, 이를 바탕으로 사랑이 존재하는 곳이 누군가의 '머리'라고 읽을 때 흥미로운 가설이 도출된다. 사랑을 흔히 마음의 일로 여기지만, 그것은 누군가를 생각하고 떠올리는 머리의 일일 수 있다. 물론 사랑은 나도 모르게 누군가를 향하게 만드는 다리일 수도 있고, 닿을 때 찌릿 전기가 통하는 감지기로서 손일 수 있다. 손과 다리가 현재의 순간을 가리킨다면, 머리는 영속하는 기억과 관련된다. 감독이 '영원이 깃든 순간'이라는 말로 강조한 바대로, 손과 다리에는 머리가 있고, 머리에는 손과 발이 달려 있다.

아버지와 영신 사이에 은근한 유머가 녹아든 주고받는 대사의 묘미는 가족의 식사 장면에서 다시 등장한다. 가족이 밥상에 둘러앉아 칼국수를 먹을 때, TV에서는 영화 〈애수〉가 방영 중이다. 칼국수를 먹던 영신이 우는 모습을 본 아버지는 영신에게 "입 댔냐?"라고 묻는다. 영신은 울면서 "영화가 너무 슬퍼서"라고 답한다.

비유적으로 둘러댔던 지난번과 달리, 영신이 이번에는 사실을 밝힌 것처럼 보인다. 하지만 머리를 긁는 행위가 그랬듯, 눈물을 흘리는 행위 역시 창욱과 무관하지 않다. 전자가 사랑의 시작을 예고한다면, 슬픈 영화를 보다가 흘리는 눈물은 사랑의 끝을 예고한다. 이를 증명하듯, 영신이 보고 싶지 않은 진실을 목격하면서 첫사랑의 시간은 저문다.

꿈과 깨어나기

영화와 동명의 표제인 투르게네프의 〈첫사랑〉은 문수의 대사 속에 짧게 등장한다. 어느 날 영신을 찾아온 문수는 다방에서 "투르게네프의 〈첫사랑〉을 읽어 봤니?"라고 질문한다. 이 대사는 오리지널 시나리오의 맥락에서 훨씬 자연스럽다. 본편에서 문수의 질문이 갑작스럽게 느껴지지만, 오리지널 시나리오에서는 문수가 기차역에서 책을 건네주는 장면이 있다.[58] 무슨 이유에서인지 본편에서는 문수가 영신에게 책이 아닌 삶은 달걀 등의 먹을거리를 건네는 설정으로 바뀌었다. 하지만 동명의 희곡은 제목을 통해 작품 자체의 맥락에서 벗어나 영화 〈첫사랑〉을 환기하는 역할을 한다.

〈첫사랑〉에서 연극은 영신과 창욱이 만나게 된 최초의 계기다. 창욱은 영신의 연극반에 연출로 초빙돼 손턴 와일더Thornton Niven Wilder의 〈우리 읍내〉를 올리는 과정을 함께한다. 제목을 인용하는 데 그친 투르게네프의 〈첫사랑〉과 비교하면 〈우리 읍내〉가 활용되는 비중이 높지만, 연극의 내용이 중요하게 등장한다고 말하기는 힘들다. 연극을 차용하는 방식이 헐겁다는 것도 영화가 비판받은 이유였다. 평론가들은 〈첫사랑〉이 〈우리 읍내〉를 인용하면서도 정작 연극에는 관심이 없어 보인다고 비판했다.[59] 이명세는 〈우리 읍내〉를 선택한 이유에 대해 다음과 같이 말했다.

"영화의 분위기에 맞아떨어지는 연극이다. 대학 시절 보았던 연극의 분위기를 되살려 영화 속 텍스트로 선정한 것인데 한마디로 인생에 대한 깨달음을 주제로 하는 점과 집단극이라는 점이 영화 〈첫사랑〉과 맞아떨어진다고 여겨졌다."[60]

〈우리 읍내〉는 하나의 희곡이기보다 영신이 사는 동네 골목길에 포착된 삶의 풍경을 총체적으로 연상시키는 매개다. 한편, 영화 속에는 〈우리 읍내〉를 인용한 결정적 이유처럼 들리는 대사가 존재한다. 첫사랑에 빠진 사람의 상태를 몽유병자에 비유해서 설명하는 대목이다. 이는 손턴 와일더의 희곡에서 약간 변형된 대사로, 희곡의 대사는 다음과 같다.

> "다들 젊었던 시절을 기억해 주십시오.
> 특히 사랑에 빠져, 몽유병자처럼, 어딜 걷는지, 무슨 얘길 듣는지 몰랐던 시절, 그러니까 약간 돌았던 때를 말입니다."[61]

몽유병자는 사랑에 빠진 영신의 상태를 단적으로 묘사한 단어다. 관객은 영신을 통해 각자의 지난 사랑을 떠올릴 것을 요구받는다. 연극반 대본 리딩 장면에서 영신은 사랑에 빠진 몽유병자의 상태를 재현하듯, 무대용 조명이 비추는 가운데 창욱이 있는 쪽으로 천천히 걸어간다. 영신과 창욱을 제외한 모두는 정지한 상태다. 창욱의 하숙집 담벼락에서 창욱을 만나고 돌아온 날 영신은 얼이 빠진 채로 골목을 걸었으며, 연극 연습이 끝난 뒤에도 얼이 빠진 채 갈아 신으려고 꺼낸 신발을 도로 사물함에 넣어 두고 실내화를 신은 채로 바깥으로 나간다.

이명세 자신이 몽상가로 수식되는 것처럼, 그가 즐겨 묘사해 온 인물들은 꿈에서 깰 수 없는 몽상가들이다. 이들은 꿈속에 있으면서도 꿈 바깥에 존재하는 것처럼 보인다. 자각몽이 꿈속에서 꿈이라는 사실을 인지하는 것이라면, 이명세 인물들의 상태는 그와 반대로 꿈에서 깬 뒤에도 여전히 꿈속에 머문다. 〈개그맨〉에서 이종세의 대사를 빌려 표현한 "이것은 꿈속의 꿈인가, 한낱 꿈속의 꿈처럼 보이는 것인가."라는 질문은 그의 영화 세계 속에서 이어져 온 질문이다. 〈M〉에서 민우는 반복해서 비슷한 꿈을 꾸는데, "꿈을 꾸었다"라는 문장으로 시작하는 글을 반복해서 쓰는 순간조차 꿈에서 깬 상태가 아니라 여전히 꿈속에 잠긴 상태처럼 보인다. 사랑에 빠진 영신이 방 안에서 창욱의 환상과 대화하는 장면은 꿈 안에서 또렷하게 깨어 있는 각성의 상태를 나타낸다.

〈첫사랑〉에서 영신이 등장하는 마지막 장면은 연극반 환송회가 끝난 뒤 집에서 잠든 모습이다. 영신은 꿈꾸는 듯 선생님을 부르지만, 끝까지 잠에서 깨지 않는다. 〈개그맨〉의 주인공이 몽상에서 깨어나면서 끝났던 것과는 달리, 〈첫사랑〉은 주인공이 계속 꿈꾸도록 내버려둔다. 이후에 등장하는 주인공 없는 골목길 장면은 마치 영신이 꾼 꿈속의 이미지처럼 아스라한 시간이 배어 든다.

가벼운 것과 무거운 것

이명세의 영화에 관한 평가는 대부분 가벼움과 무거움을 오간다. 어떤 평자는 이명세의 영화가 가볍게 치부되지만 무겁다고 설명하는 반면, 다른 평자는 그 무거움을 비판적으로 바라본다. 김수남은 이명세 영화의 가벼운 표현 방식으로 인해 그의 영화 전체를 가벼운 것으로 치부하는 경향이 있다고 지적하며, 표현의 가벼움과 주제의 진지함을 구분해야 한다고 말한다.

> "시각적인 가벼움을 '주제의 가벼움'으로 매도하는 것은 이명세가 영상화하는 대상의 존재가치의 무거움을 왜곡하는 것으로, 그가 간직하고 있는 상황들을 애타게 그리워하다 못해 그 처절함이 묻어나는 '주제의 무거움'을 간과하는 것이다."[62]

가벼움과 무거움은 단순하게 말하면 희극과 비극이다. 김수남의 논의는 이명세 영화의 희극성보다 비극성에 초점을 맞추는 쪽이다. 하지만, 이명세의 영화는 비극과 희극 중 어느 한쪽을 취사선택할 수 있는 영화가 아니다. 그의 영화에 주제가 있다면 그 뒤섞임 자체가 주제에 가깝다. 그런 의미에서 희비극이 뒤섞이는 전환의 순간에 집중한 비판은 더 경청할 만하다.

"몽상적인 줄거리로 이어지던 영화의 마지막은 영신이 짝 사랑하던 연극 선생이 기혼자라는 사실의 환기로 채워진다. 물론 그럴 수 있다. 하지만 시종일관 집착했던 작은 읍내를 떠나 영신이 도착한 서울의 공간 설정 자체가 곧 현실의 환기를 의미하며 그동안의 열정과 열병들이 한낱 꿈에 불과했다는 것을 은근히 주장한다."[63]

이효인은 창욱이 기혼자임을 깨닫는 장면이 몽상적인 영화의 톤을 일거에 깨 버리는 설정이라고 비판한다. 이야기를 주로 세트에서 진행하던 것과 달리, 로케이션임이 분명한 명륜동 한옥을 배경으로 택한 것도 꿈에서 현실로의 이동이라는 느낌을 강화하는 요소다. 이러한 맥락에서 '서울의 공간 설정 자체가 곧 현실의 환기'라는 이효인의 분석은 적절해 보인다.

하지만 창욱이 기혼자라는 사실이 반전처럼 강조된 것은 아니다. 영신은 이 사건으로 남은 감정을 내리던 빗물과 함께 흘려보낸 뒤 다시 돌아보지 않는다. 영화는 다시 환상의 공간이자, 세트의 공간으로 돌아온다. 그 후 현실의 무거움을 증발시키듯이 모든 것을 공중에 띄우는 초현실적인 장면이 등장한다. 창욱을 환송하는 송별회 자리에서 영신은 술에 취한 상태로 창욱의 어깨에 손을 얹고 포즈를 취하거나 자리에 앉으려다가 문수와 함께 뒤엉켜 넘어지는 소란을 일으킨다. 이 장면은 연극무대를 준비하던 중 영신이 페인트를 놓치면서 영신과 문수가 뒤엉켜 넘어지던 장면의 반복이다. 이 장면을 사진으로 남기듯 플래시가 터지는 가운데, 송별회 현장은 스틸 이미지로 전환된다.

스틸 이미지의 몽타주는 영신 앞에 놓인 주전자가 머리 위로 떠오름에 따라 본래의 속도로 돌아온 뒤, 거기에 존재하던 것들을 하나하나 증발시키기 시작한다. 영신 주변에 둘러앉아 있던 연극반 사람들이 사라지고, 마지막으로 남아 있던 창욱이 영신에게 다가와 손을 내밀지만 투명하게 사라지고, 의자가 떠오르고, 케이크가 떠오르고, 송별회를 위해 준비한 선물도 떠오르고, 마지막에는 의자에 앉아 있던 영신까지 사라진다. 이는 만취한 자의 머릿속에서 일어나는 초현실적인 비전의 재현인 동시에 기억 속에서 붕괴해 가는 시간의 만화적 재현처럼 보인다. 기억은 바닥으로 꺼져 무의식에 잠재되는 것이 아니라 붙잡을 수 없는 곳으로 떠오른 채 시야에서 사라진다. 상승하는 사물들은 우리의 몸까지 그 가벼움에 탑승하기를 요구한다. 사라진다는 사실은 무겁지만, 이를 바라보는 우리는 가벼워야만 한다.

영화의 마지막 시퀀스는 골목길에 내려앉은 사계절의 풍경으로 이뤄진다. 마을 사람들이 부지런히 길을 오가고, 영신의 가족과 친척들이 후면에 보이는 와중에도 영신의 모습은 보이지 않는다. 그러던 중 빨간 풍선 하나가 공중으로 두둥실 떠오르는 모습이 보인다. 지나가던 아이가 놓친 것일까. 아니, 저 풍선은 틀림없이 영신이다. 아니면 붙잡을 수 없는 사랑의 마음인지도….

에필로그

'영화비평의 독자는 누구인가'라는 질문은 비평을 업으로 삼는 사람들이라면 종종 마주하는 질문이다. 가능한 독자 중 가장 간담을 서늘하게 만드는 이는 해당 영화를 만든 감독이다. 유독 한국영화에 대한 평가가 어려운 이유도 외국영화를 비평할 때보다 영화를 만든 당사자가 비평을 읽을 가능성이 훨씬 크다는 데 있다. 이는 비단 비판론을 쓸 때만 해당하지 않는다. 긍정론을 쓴 경우라도 어딘가 뜨끔하고 민망하기는 마찬가지다.

이명세는 〈첫사랑〉이 당대의 평론가들로부터 비판적인 평가를 받았다고 여러 자리에서 밝혀 왔으나, 실제로는 마냥 폄하되기만 한 것은 아니다. 《스크린》이 1993년 연말 결산에서 〈첫사랑〉을 〈서편제〉에 이어 2위에 꼽은 것이 단적인 예다. 그런데도 비판적인 평가를 받았다고 기억되는 이유는 나쁜 기억이 더 각인되는 속성 때문일 것이다. 긍정론으로 누군가에게 각인되기는 부정론에 의한 것보다 훨씬 어렵다. 단지 글에 관한 이야기만은 아니다. 역사는 사건·사고와 죽음, 전쟁, 재난과 참사 등 아픔으로 기억되는 경우가 대부분이다. 상처가 더 기억하기를 요구하기 때문이다.

2025년 현재 이명세의 마지막 극영화는 〈M〉이다. 'M'은 감독의 영문 이름 머리글자와 영화Movie가 공유한 알파벳이다. 한편, M은 이명세가 싫어한다고 밝혀 온 '메시지'와 '의미 Meaning'라는 단어에도 포함된 알파벳이다. 메시지와 의미를 담아야 하는 비평이 이명세 영화와 불화하는 것은 당연한 일인지도 모른다. 비평가에게 자신이 사랑하는 영화를 닮는 것이 궁극의 이상이라면, 메시지와 의미는 비평의 중력이다. 영화와 닮으려고 시도하는 동안에도 비평은 의미와 메시지에서 벗어날 수 없다. 덤처럼 얻게 된 이 지면은 영화가 남긴 깊은 여운을 모방하려던 미몽에서 깨어나 현실로 돌아오기 위해 마련된 자리인지도 모른다.

영화 한 편에 집중한 비평으로 한 권의 책을 꾸리는 일이 막막하게 느껴졌지만, 앞서 발간된 비평서를 길잡이 삼아 가능한 길을 더듬어 갈 수 있었다. 한 권의 책을 만들기에 앞서 영화를 다시 보며 나만의 작은 계기를 만들기 위해 애썼고, 사랑에 있어 머리라는 키워드를 발견한 순간이 그 계기가 되어 주었다. 사랑을 말할 때, 원초적인 몸과 계산적인 머리는 마음에 비해 저급한 것으로 치부된다. 〈첫사랑〉에 내포된 기억이라는 행위를 통해 머리의 개념을 바꾸고, 사랑의 이미지를 해방할 수 있으리라 기대했다. 〈첫사랑〉은 이른바 마음에 갇힌 사랑을 해방해 머리에 잠재한 마음을 긴는 영화다. 머리와 사랑의 연결에서 나아가 두뇌의 영화사를 쓰고자 하는 야심을 품었으나, 이를 위해서는 다른 지면이 필요할 것이다.

〈첫사랑〉의 혼성 장르적 측면은 빼놓을 수 없는 주제지만, 이 책에서 충분히 다루진 못했다. 〈첫사랑〉은 영화 이외의 장르를 포괄하며 인접 장르와 영화의 관계를 탐구하는 데 중요한 지표를 제공한다. 이명세는 〈첫사랑〉을 만들면서 시와 단편소설을 지향했다. 전작 〈나의 사랑 나의 신부〉에서 활용한 챕터 나누기가 시트콤의 방식을 연상시켰다면, 〈첫사랑〉에서는 문학작품을 챕터에 인용하면서 덜 친절하고 더 실험적인 방향으로 나아갔다. 〈첫사랑〉은 영화 관람의 장소가 분화되고, 관객의 집중력과 싸워야 하는 산만한 영화 관람의 시대에 그보다 앞서 관객의 몰입에 관해 질문한 영화다. 그 결과, 몰입을 강화하는 방식으로 나아가는 대신에 그 산발성을 자신의 정체성으로 활용하려 했다는 점, 그리고 그 시도가 상업영화의 틀 안에서 존재했다는 사실은 여전히 놀랍다.

감독은 시를 일종의 챕터 혹은 인서트insert로 구성했다. 인서트가 장면과 장면 사이에 여운을 주는 휴지부라면, 이를 이미지로 보여 주는 대신 시를 활용한다는 점이 특징이다. 이명세가 이미지를 중시하는 만큼이나 그 이미지를 활자화하는 데 관심을 기울여 왔음을 드러내는 대목이다. 심지어 특정 장면에서 자신의 영화를, 시를 위한 바탕 이미지로 쓰는 것도 마다하지 않았다. 영신이 블루노트 카페에서 창욱을 기다리는 장면에서 인용된 시는 영화의 상황을 위해 활용되는 것이 아니라, 시를 위해 영화의 상황이 인용되는 역전이 드러난다.

이명세의 영화 세계에서 중요한 위치를 차지해 온 만화는,

전작에 이어 형식적 측면에서 두드러진다. 주인공이 노래를 부르는 장면은 드물지만, 영화 내내 포크송을 활용하는 방식을 통해 뮤지컬에의 지향을 확인할 수 있다. 이명세표 뮤지컬영화의 실체는 차기작인 〈남자는 괴로워〉로 확인할 수 있다.

세트는 〈첫사랑〉의 혼종 장르성을 직조하는 주된 요소다. 시가 때때로 영화를 밀어낸 주인공의 자리를 차지한다면, 연극은 상대적으로 소극적으로 활용된다. 연극은 극중극 형식으로 내포되어 있으나, 영화를 통해 연극의 전모를 파악하기란 어렵다. 연극의 대사는 원래 있던 맥락에서 떨어져 나와 영화 〈첫사랑〉과 합치되며, 시처럼 인용된다. 연극의 인용에서도 공연 장면보다는 준비하는 과정이나 끝난 이후에 초점을 두는 것도 특징이다.

세트는 〈첫사랑〉의 정체성이자, 과거 TV 드라마의 특징이기도 하다. 세트를 기점으로 삼았을 때 '연극과 영화, 영화와 TV 드라마의 차이는 무엇인가'라는 질문을 던지게 된다. 특히 TV 드라마가 소재로 삼는 가족 서사와 이를 통해 반복하는 향수의 실체가 실제와 가깝게 재현한 데서 오는 것이 아니라, 실제와 가까우나 실제와는 다른 세트에서 기인한다고 가정하게 된다. 여기에 덧붙여 〈첫사랑〉은 TV 드라마에서 부차적으로 사용되던 골목길을 중심의 자리로 끌어올리면서, 스쳐 가는 공간을 향수의 원천으로 재발견하게 만든다.

다시 한 번 첫사랑의 이야기를 방문한 〈M〉이 〈첫사랑〉과 달라진 지점은 영화의 주된 색채가 주는 느낌이다. 〈M〉이 거울, 유리, 물 등이 지닌 차가움을 활용한 작품이라면, 〈첫사랑〉은 왠지 모를 따뜻한 느낌을 준다. 파랗게 칠한 벤치마저 따뜻하게 느껴질 정도다. 골목길 세트 역시 따뜻한 느낌에 기여한다. 〈M〉에도 골목길을 연상시키는 공간이 등장하지만, 그 공간은 회상 시퀀스로 등장하며 지나치게 채색되는 바람에 실재하지 않는 공간이라는 느낌을 준다. 반면 〈첫사랑〉의 골목은 세트임이 분명하지만, 그 공간을 살아 있게 하려고 애쓴 흔적들이 기이한 생명력을 형성한다.

〈첫사랑〉은 주인공 캐릭터인 영신의 생각과 상황에 온전히 초점을 맞추는 영화다. 카메라가 특정 인물의 시선이나 심리를 표현할 때, 얕은 심도의 렌즈를 통해 특정 부분에 포커스를 맞추는 방식이 활용되곤 한다. 인물과 관련된 것만 포커스 안에 들어오고, 그 밖의 것들은 포커스 바깥으로 물러나는 방식으로 등장인물의 시선에서 보고 있음을 가정하는 것이다. 하지만 〈첫사랑〉의 카메라는 특정 기법을 통해 중요한 것과 그렇지 않은 것을 미리 재단하지 않는다. 야외촬영의 경우 멀리 떨어진 인물이 배경으로 존재하는 경우가 있지만, 세트촬영 장면에서 특정한 사물이나 인물이 포커스 아웃focus out되는 경우는 거의 없다. 화면에 보이는 모든 것은 동일하게 포커스를 받으며 동일하게 중요하다. 화면에 보이는 것 중 제작진의 손길을 거치지 않은 것이 없고, 어느 것 하나 허투루 놓이지 않는다. 그것이 이명세의 영화에서 작은 소품 하나하나가 생명을 지니는 이유일 것이다. 이는 이명세가 애정을 표해 온 무성영화 감독들의 영화와 〈첫사랑〉이 공유하는 지점이다. 자크 타티와 채플린의 영화에서 사물이 인간의 몸을 이끌고 가는 방식, 오즈 야스지로의 영화에서 집을 구성하는 소품이 별안간 두드러지는 순간이나 집이나 건물 사이 공간인 통로를 인상적으로 포착하는 방식에서 사물과 공간을 인간처럼 대한다고 느끼게 된다.

영화의 이야기를 나의 이야기로 환원하는 것은 나쁜 습관이라 생각해 경계해 왔다. 영화의 이야기가 나의 이야기를 상기시킨다 해도, 영화의 경험과 나의 경험은 같을 수 없다. 그럼에도 이야기하기를 참을 수 없는 영화들이 종종 있다. 다큐멘터리영화처럼 삶에 맞닿은 영화들이 그런 영화들이다. 동시대에서 벗어난 과거의 영화는 영화 바깥에 한 편의 다큐멘터리를 작동시킨다. 〈첫사랑〉을 경험하는 일은 엇갈린 시간을 경험하는 일이다. 영화가 도착했을 당시 관객인 나는 없었고, 지금의 나는 너무 늦게 도착했다. 엇갈림이 초래하는 안타까움은 과거를 향해 고정된 것은 아니다. 〈첫사랑〉은 과거의 향수에 젖게 만드는 만큼이나 부당하게 외면당하고 있을지 모를 오늘날의 영화를 향해 조바심을 내도록 만든다. 영화에 담긴 시간의 비

밀은 이와 같은 방식으로 영화 안팎을 오가며 시간의 뒤섞임을
자극한다.

주

1 이명세, 〈[오피니언] 나를 흔든 시 한 줄, 이명세 영화감독〉,《중앙일보》 2015년 10월 14일자(온라인 게재). https://www.joongang.co.kr/article/18852538

2 신영희 · 이명세, 〈인간의 이중성에 바쳐진 어느 몽상가의 보고서〉,《스크린》 1991년 2월 84호, 209쪽.

3 이효인,《한국의 영화감독 13인》, 도서출판 열린책들, 1994, 289~290쪽.

4 김시무 · 이명세, 〈인터뷰/"영화의 스타일은 획일적이 아니다"〉,《공연과 리뷰》 1999년 8월 24호, 87쪽. 전체 문단의 일부를 발췌.

5 이명세 · 김혜수,〈첫사랑〉블루레이 수록 음성해설 참고,《이명세 컬렉션: 나의 사랑 나의 신부 + 첫사랑》, 한국영상자료원 블루레이 시리즈 36, 2024년 11월.

6 김시무 · 이명세, 위의 인터뷰, 89쪽. 전체 문단의 일부를 발췌.

7 신영희 · 이명세, 위의 인터뷰, 210쪽.

8 이정하, 〈영화관람석—첫사랑〉,《한겨레》 1993년 1월 30일자 9면.

9 동서대학교 임권택 영화연구소,《영화감독 11인의 연출 수업 2》, 예린원, 2012, 82쪽.

10 이명세 · 박중훈 · 김형석, 〈나의 사랑 나의 신부〉블루레이 수록 음성해설 참고,《이명세 컬렉션: 나의 사랑 나의 신부 + 첫사랑》, 한국영상자료원 블루레이 시리즈 36, 2024년 11월.

11 〈이명세 감독의 M〉,《MBC 창사 50주년 특별기획 타임》 9화, 2011년 7월 28일 방영.

12 이명세 · 김혜수, 〈첫사랑〉블루레이 수록 음성해설 참고,《이명세 컬렉션: 나의 사랑 나의 신부 + 첫사랑》, 한국영상자료원 블루레이 시리즈 36, 2024년 11월.

13 신영희 · 이명세, 위의 인터뷰, 211쪽.

14 강희덕 · 이명세, 〈우리가 그리워하는 것은 묻혀진 시간들의 아름다움〉,《비디오 무비》 1993년 1월 94호, 320쪽.

15 이명세 · 김혜수, 〈첫사랑〉블루레이 수록 음성해설 참고,《이명세 컬렉션: 나의 사랑 나의 신부 + 첫사랑》, 한국영상자료원 블루레이 시리즈 36, 2024년 11월.

16 강희덕 · 이명세, 위의 인터뷰, 319쪽.

17 김경례 · 이명세,〈한 영상작가의 조금씩 '세상 바꾸는' 꿈꾸기〉,《스크린》 1993년 2월 108호, 211쪽.

18 이명세 · 김혜수, 〈첫사랑〉 블루레이 수록 음성해설 참고, 《이명세 컬렉션: 나의 사랑 나의 신부 + 첫사랑》, 한국영상자료원 블루레이 시리즈 36, 2024년 11월.

19 김수남, 《한국영화감독론 3》, 지식산업사, 2005, 368쪽.

20 김경례 · 이명세, 위의 인터뷰, 211쪽.

21 김경례 · 이명세, 위의 인터뷰, 211쪽.

22 〈신세대 한국영화 설맞아 2편 개봉〉, 《한겨레》 1993년 1월 16일자 9면.

23 김종원 · 정성일 · 이은주, 〈화제작 집중분석/합평: 첫사랑의 향수와 삶의 흔적〉, 격월간 《영화》 1993년 3월호, 66쪽.

24 김종원 · 정성일 · 이은주, 위의 대담, 65쪽.

25 이효인, 위의 책, 289~290쪽.

26 이동진, 《이동진의 부메랑 인터뷰 그 영화의 시간(박찬욱 최동훈 이명세)》, 위즈덤하우스, 2014, 593쪽.

27 이효인, 위의 책, 289~290쪽.

28 이명세 · 이동진, 〈첫사랑〉 블루레이 수록 음성해설 참고, 《이명세 컬렉션: 나의 사랑 나의 신부 + 첫사랑》, 한국영상자료원 블루레이 시리즈 36, 2024년 11월.

29 강희덕 · 이명세, 위의 인터뷰, 320쪽.

30 강희덕 · 이명세, 위의 인터뷰, 320쪽.

31 이효인, 위의 책, 289~290쪽.

32 이명세 · 이동진, 〈첫사랑〉 블루레이 수록 음성해설 참고, 《이명세 컬렉션: 나의 사랑 나의 신부 + 첫사랑》, 한국영상자료원 블루레이 시리즈 36, 2024년 11월.

33 강희덕 · 이명세, 위의 인터뷰, 320쪽.

34 〈이명세 감독의 M〉, 《MBC 창사 50주년 특별기획 타임》 9화, 2011년 7월 28일 방영.

35 지그프리트 크라카우어, 김태환 · 이경진 옮김, 《영화의 이론》, 문학과지성, 2024, 115쪽.

36 이동진, 위의 책, 530쪽.

37 〈〈첫사랑〉 시나리오〉(소장 관리번호: DCKO016730_01), S#52~#55.

38 이동진, 위의 책, 520쪽.

39 김곡, 《투명기계 (화이트헤드와 영화의 소멸)》, 갈무리, 2018, 299쪽.

40 이명세 · 이동진, 〈첫사랑〉 블루레이 수록 음성해설 참고, 《이명세 컬렉션: 나의 사랑 나의 신부 + 첫사랑》, 한국영상자료원 블루레이 시리즈 36, 2024년 11월.

41 〈이명세—당신의 열정을 정의할 한 문장을 만드세요〉, 《창작자들》, 포레스트북스, 2020, 121쪽.

42　이명세 · 김혜수, 〈첫사랑〉 블루레이 수록 음성해설 참고, 《이명세 컬렉션: 나의 사랑 나의 신부 + 첫사랑》, 한국영상자료원 블루레이 시리즈 36, 2024년 11월.

43　〈김혜수 영화 촬영 위해 긴 머리 과감히 잘라〉, 《경향신문》 1992년 4월 14일자 16면.

44　이명세 · 김혜수, 〈첫사랑〉 블루레이 수록 음성해설 참고, 《이명세 컬렉션: 나의 사랑 나의 신부 + 첫사랑》, 한국영상자료원 블루레이 시리즈 36, 2024년 11월.

45　이명세 · 김혜수, 〈첫사랑〉 블루레이 수록 음성해설 참고, 《이명세 컬렉션: 나의 사랑 나의 신부 + 첫사랑》, 한국영상자료원 블루레이 시리즈 36, 2024년 11월.

46　국가기록원, 〈금기와 자율 ·'미니스커트와 장발'〉, https://theme.archives.go.kr/next/tabooAutonomy/kindOfTaboo02.do (최종확인일: 2025. 7. 28.)

47　이명세 · 김혜수, 〈첫사랑〉 블루레이 수록 음성해설 참고, 《이명세 컬렉션: 나의 사랑 나의 신부 + 첫사랑》, 한국영상자료원 블루레이 시리즈 36, 2024년 11월.

48　이명세 · 박중훈 · 김형석, 〈나의 사랑 나의 신부〉 블루레이 수록 음성해설 참고, 《이명세 컬렉션: 나의 사랑 나의 신부 + 첫사랑》, 한국영상자료원 블루레이 시리즈 36, 2024년 11월.

49　〈여적〉, 《경향신문》 1966년 7월 1일자 1면.

50　〈횡설수설〉, 《동아일보》 1968년 9월 6일자 1면.

51　〈선행 어린이 전국서 11명〉, 《경향신문》 1968년 4월 30일자 3면.

52　〈월자와 시계〉, 《동아일보》 1926년 1월 9일자 5면.

53　〈서점가의 연말 경기〉, 《동아일보》 1971년 12월 25일자 5면.

54　이명세 · 이동진, 〈첫사랑〉 블루레이 수록 음성해설 참고, 《이명세 컬렉션: 나의 사랑 나의 신부 + 첫사랑》, 한국영상자료원 블루레이 시리즈 36, 2024년 11월.

55　이명세 · 김혜수, 〈첫사랑〉 블루레이 수록 음성해설 참고, 《이명세 컬렉션: 나의 사랑 나의 신부 + 첫사랑》, 한국영상자료원 블루레이 시리즈 36, 2024년 11월.

56　이명세 · 이동진, 〈첫사랑〉 블루레이 수록 음성해설 참고, 《이명세 컬렉션: 나의 사랑 나의 신부 + 첫사랑》, 한국영상자료원 블루레이 시리즈 36, 2024년 11월.

57　〈〈첫사랑〉 촬영 콘티〉(소장 관리번호: DCKT000232_01).

58　〈〈첫사랑〉 시나리오〉(소장 관리번호: DCKO016730_01), S#2.

59　김종원 · 정성일 · 이은주, 위의 대담, 68쪽.

60　강희덕 · 이명세, 위의 인터뷰, 320쪽.

61　손턴 와일더, 오세곤 옮김, 《우리 읍내》, 예니, 2013, 74쪽.

62　김수남, 위의 책, 379쪽.

63　이효인, 위의 책, 303쪽.

참고문헌

단행본

김곡, 《투명기계(화이트헤드와 영화의 소멸)》, 갈무리, 2018.

김수남, 《한국영화감독론 3》, 지식산업사, 2005.

동서대학교 임권택 영화연구소, 《영화감독 11인의 연출 수업》, 예린원, 2012.

손턴 와일더, 오세곤 옮김, 《우리 읍내》, 예니, 2013.

이동진, 《이동진의 부메랑 인터뷰 그 영화의 시간(박찬욱 최동훈 이명세)》, 위즈덤하
우스, 2014.

이명세 외, 《창작자들》, 포레스트북스, 2020.

이명세 · 채호기, 《주고, 받다》, 꽃핀자리, 2015.

전주국제영화제 엮음, 《한국 단편영화의 쟁점들3: 타자, 다이어리, 멜로 드라마》, 도서
출판 소도, 2005.

이효인, 《한국의 영화감독 13인》, 도서출판 열린책들, 1994.

지그프리트 크라카우어, 김태환 · 이경진 옮김, 《영화의 이론》, 문학과지성, 2024.

잡지 · 신문

〈나의 집착, 나의 영감〉, 《씨네21》 2014년 4월 948호.

〈우리가 그리워하는 것은 묻혀진 시간들의 아름다움〉, 《비디오 무비》 1993년 1월 94호.

〈인간의 이중성에 바쳐진 어느 몽상가의 보고서〉, 《스크린》 1991년 2월 84호.

〈한 영상작가의 조금씩 '세상 바꾸는' 꿈꾸기〉, 《스크린》 1993년 2월 108호.

〈화제작 집중분석/합평: 첫사랑의 향수와 삶의 흔적〉, 격월간 《영화》 1993년 3월호.

김시무, 〈인터뷰/"영화의 스타일은 획일적이 아니다"〉, 《공연과 리뷰》 1999년 8월 24호.

이정하, 〈영화관람석—첫사랑〉, 《한겨레》 1993년 1월 30일자 9면.

〈김혜수 영화 촬영 위해 긴 머리 과감히 잘라〉, 《경향신문》 1992년 4월 14일자 16면.

〈서점가의 연말 경기〉, 《동아일보》 1971년 12월 25일자 5면.

〈선행 어린이 전국서 11명〉, 《경향신문》 1968년 4월 30일자 3면.

〈신세대 한국영화 설맞아 2편 개봉〉, 《한겨레》 1993년 1월 16일자 9면.

〈여적〉, 《경향신문》 1966년 7월 1일자 1면.

〈연례행사 못 면한 성탄 특집〉, 《조선일보》 1976년 12월 24일자 5면.

〈[오피니언] 나를 흔든 시 한 줄, 이명세 영화감독〉, 《중앙일보》 2015년 10월 14일자
　（온라인 게재） https://www.joongang.co.kr/article/18852538
〈월자와 시계〉, 《동아일보》 1926년 1월 9일자 5면.
〈횡설수설〉, 《동아일보》 1968년 9월 6일자 1면.
〈TV 볼만한 성탄절 특집〉, 《동아일보》 1981년 12월 21일자 12면.
국가기록원, 〈금기와 자율 '미니스커트와 장발'〉, https://theme.archives.go.kr/next/
　tabooAutonomy/kindOfTaboo02.do.

동영상
〈이명세 감독의 M〉, 《MBC 창사 50주년 특별기획 타임》 9화, 2011년 7월 28일 방영.

첫사랑
First Love

감독 이명세 | **제작년도** 1993년 | **제작사** 삼호필림

기획 채윤희·김순호 | **각본** 이명세·양선희 | **촬영** 유영길 | **조명** 김동호 | **음악** 송병준 | **미술** 조용삼 | **특수효과** 김철석 | **편집** 김현 | **소품** 차순하

출연 – 박영신 김혜수 | **강창욱** 송영창 | **김문수** 조민기 | **영신 모** 안해숙 | **영신 부** 최종원 | **영신 동생** 박예숙

사랑은 꽃처럼, 별처럼, 커피향처럼 온다!

「지그, 나의사랑 나의신부」의
이명세 감독작품!

첫사랑

나 (주)삼호필림 제작·배급

상세 크레디트와 더 많은 영화 관련 정보는 QR코드를 참고해 주세요.

KOFA 영화비평총서 6

첫사랑
머릿속이 간지러워

2025년 12월 31일   초판 1쇄 발행

지은이 | 김소희
펴낸이 | 노경인 · 김주영

펴낸곳 | 도서출판 앨피   출판등록 | 2004년 11월 23일
주소 | (01545) 경기도 고양시 덕양구 향동로 218(향동동, 현대테라타워DMC) B동 942호
전화 | 02-710-5526   팩스 | 0505-115-0525   블로그 | blog.naver.com/lpbook12
전자우편 | lpbook12@naver.com

ISBN 979-11-92647-81-4